소심쟁이 중년아재
나 홀로 산티아고

소심쟁이 중년아재
나 홀로 산티아고

무조건 떠나라!
떠나지 말아야 할 이유가 더 많아지기 전에

글
·
사
진

이
관

푸른향기
Prunhonk Publishing Co.

무조건 떠나라!
떠나지 말아야 할 이유가 더 많아지기 전에

산티아고 순례길을 꼭 한번 걷고 싶었다.

퇴직 후 오래도록 마음에 품어왔던 버킷리스트, 산티아고 순례길에 도전하려고 했지만, 코로나 팬데믹으로 포기할 수밖에 없었다. 한동안 마음에서 내려놓고 지냈다. 그러다 코로나가 조금씩 진정되면서 다시 산티아고를 향해 떠나는 사람이 하나둘 늘어가는 것을 보며 내 안에 잠재해있던 순례길에 대한 갈망이 되살아나기 시작했다.

계속 산티아고가 눈에 밟혔다. 떠나기 힘든 이유를 꼽자면 백 가지는 되겠지만, 일단 출발하는 것으로 마음을 굳혔다. 순례길을 걷기로 마음먹고 가장 먼저 기간이 만료되어 가던 여권을 차세대 전자여권으로 발급받았다. 또 배낭과 침낭, 트레킹화를 새로 장만했고, 4월 11일에 출발하는 비행기 티켓도 끊었다.

하지만 나에게 산티아고로 가는 길은 그리 호락호락하지 않았다. 예상치 못하게 갑상선 부위에 이상이 발견된 아내의 수술 날짜가 5월 중순으로 잡

혔다. 4월 11일에 출발해 별일이 없다면 순례길 끝을 향해 걷는 중일 텐데….
나라를 구하는 독립운동을 하러 가는 것도 아니면서 입원해 있는 아내를 두
고 먼 타국 땅을 걷는다는 것이 마음에 걸렸다. 아니 그보다는 남은 생 두고
두고 후환에 시달릴 것 같았다.

산티아고 순례길을 걷기 가장 좋은 계절은 4~5월과 9~10월이라고 한다.
7월~8월의 스페인 날씨는 무덥기도 하거니와 휴가철을 맞아 유럽 지역 순
례자들이 급증해 알베르게를 예약하기도 쉽지 않다고 하고, 아내의 수술 후
경과도 지켜볼 겸 아예 뒤로 늦춰 9월에 출발하기로 계획을 바꿨다.

출국을 3주 정도 앞두고는 한동안 잘 관리되고 있다고 생각했던 허리 디
스크가 다시 말썽을 피우기 시작했다. 며칠 지나면 괜찮아지려니 했는데,
의자에 앉아있다 일어설 때와 허리를 굽힐 때마다 통증이 계속됐다. 정형외
과 진단 결과 허리 디스크 4, 5번이 예전보다 더 돌출되었고, 약간의 협착으
로까지 진행되었다고 했다.

정말이지 나에게 산티아고 순례길은 이래저래 험난했다. 그럼에도 불구하고 출발하기로 했다. 이번에도 떠나지 못한다면, 다시는 도전하기 어려울 것 같았기 때문이나. 설령 디스크 악화로 완주하지 못하고 중간에 귀국하는 일이 있더라도, 아예 시도조차 하지 못한다면 평생 후회로 남을 것 같았다.

OK! Let's go to Santiago!

목 차

순례자 아닌 여행자 이야기

프랑스길 지도

Atlantic Ocean

Negreira

Muxia
See

O Pedrouzo

Fisterra

Lago
Santiago
de Compostela

Arzúa

Portomarin

Palas de Rei

Sarria

Triacastela

La Paba

Ponferrada

Foncebadon

Le

Villafranca
del Bierzo

Astorga

San Martin
del Camino

Porto

PORTUGAL

SPAIN

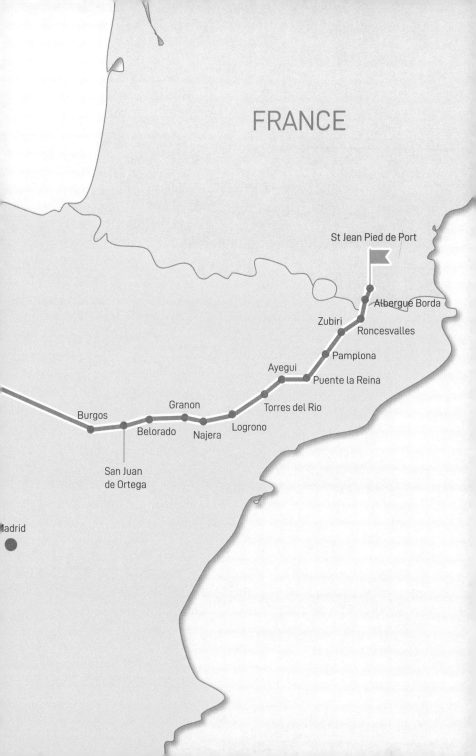

FRANCE

St Jean Pied de Port

Albergue Borda

Zubiri

Roncesvalles

Pamplona

Ayegui

Puente la Reina

Granon

Torres del Rio

Burgos

Belorado

Najera

Logrono

San Juan
de Ortega

Madrid

1일차 : St Jean Pied de Port → Albergue Borda ｜ 8.4km

2일차 : Albergue Borda → Roncesvalles ｜ 15.8km

3일차 : Roncesvalles → Zubiri ｜ 21.5km

4일차 : Zubiri → Pamplona ｜ 20.4km

5일차 : Pamplona → Puente la Reina ｜ 24.0km

6일차 : Puente la Reina → Ayegui ｜ 23.5km

7일차 : Ayegui → Torres del Rio ｜ 27.4km

8일차 : Torres del Rio → Logrono ｜ 20.2km

9일차 : Logrono

10일차 : Logrono → Najera ｜ 29.6km

11일차 : Najera → Granon ｜ 27.5km

12일차 : Granon → Belorado ｜ 15.5km

13일차 : Belorado → San Juan de Ortega ｜ 23.8km

14일차 : San Juan de Ortega → Burgos ｜ 26.3km

15일차 : Burgos → Leon ｜ 178.1km(버스)

16일차 : Leon

17일차 : Leon → San Martin del Camino ｜ 25.0km

18일차 : San Martin del Camino → Astorga ｜ 24.8km

19일차 : Astorga → Foncebadon | 25.3km

20일차 : Foncebadon → Ponferrada | 26.7km

21일차 : Ponferrada → Villafranca del Bierzo | 23.6km

22일차 : Villafranca del Bierzo → La Paba | 23.4km

23일차 : La Paba → Triacastela | 26.0km

24일차 : Triacastela → Sarria | 25.5km

25일차 : Sarria → Portomarin | 22.3km

26일차 : Portomarin → Palas de Rei | 24.8km

27일차 : Palas de Rei → Arzua | 29.2km

28일차 : Arzua → O Pedrouzo | 19.2km

29일차 : O Pedrouzo → Santiago de Compostela | 19.3km

30일차 : Santiago de Compostela

31일차 : Santiago de Compostela → Negreira | 21.1km(택시)

32일차 : Negreira → Lago | 27.8km

33일차 : Lago → See | 25.7km

34일차 : See → Fisterra | 16.1km

35일차 : Fisterra → Muxia | 27.9km(버스)

0일차

파리 → 생장피에드포르(Paris → St. Jean Pied de Port)

순례길 출발지 생장피에드포르로 이동

파리에서 산티아고 순례길 출발지 생장피에드포르로 가기 위해서는 몽파르나스 역에서 출발하는 TGV를 타야 했다. 몽파르나스 역은 무척 혼잡하고 출발하는 열차의 게이트가 15분 전에야 전광판에 게시되니 정신 바짝 차려야 한다고 들었다. 혹시 몰라 일찍 도착해 동선을 미리 파악하고 역 안에 있는 카페에서 카페라테도 한잔 마셨다. 잔뜩 긴장했는데, 전광판에서 열차번호로 출발 게이트를 확인하니 그리 어렵지 않았다. (대부분의 걱정은 사실 별 게 아닌 경우가 많다.)

몽파르나스 역을 출발해 생장피에드포르로 가는 기차로 바꿔 타는 바욘 역까지는 약 4시간이 소요되었다. TGV 티켓은 일찌감치 한국에서 SNCF 앱을 통해 구매했다. 1등석과 2등석의 가격 차가 크지 않기에 그냥 1등석으로 좌석까지 지정해 예약했다. 1등석이라고 특별한 건 아니고 우리 KTX와 비슷하게 2등석은 좌석이 2+2, 1등석은 1+2였고, 좌석 간 간격이 조금 더 여유로운 정도의 차이였다. 나는 55€에 예매했는데, 달리는 바욘행 열차 안에서 검색해보니 1등석도

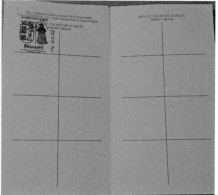

아닌 2등석 가격이 120~130€였다. 유럽에서 열차를 타는 경우 일찍 구매하는 것이 돈 버는 일이라는 것을 실감할 수 있었다.

바욘 역에는 오후 2시 정시에 도착했다. 바욘 역에서 생장피에드 포르 역으로 가는 열차로 갈아타는 것으로 알고 있었는데, 최근에는 버스로 이동한다고 했다. 바욘 역 광장에 대기 중인 버스 기사에게 생장 행 티켓을 보여주면 탑승이 가능했다. 15시 40분경 드디어 산티아고 순례길 출발지인 생장피에드포르 역에 도착했다. 감개무량! 아주 작고 아담한 역이었다.

생장피에드포르 역에서 순례자 사무소까지는 그냥 버스에서 내린 사람들을 따라가면 됐다. 파리 공항 입국 수속보다 긴 시간을 기다려 드디어 순례자 여권을 받고 첫 스탬프를 꽝!

계 탔네!

예약했던 알베르게 가이드 마킬라(Albergue Gite Makila)에 체크인 후 편한 신발로 갈아 신고 마을 주변을 슬슬 둘러봤다. 저녁은 방송인 손미나 유튜브에 나왔던 크레프 전문점 쿠카(KUKA)에서 먹으려고 했는데, 가보니 문이 닫혀 있었다. 더 큰 문제는 그 식당뿐 아니라 생장 대부분의 식당이 문을 열지 않았다는 것이다. 그나마 문을 연 몇몇 식당에서는 이미 예약이 풀이라고 문전박대당했다. 정확히 기억나진 않지만, 어떤 성인의 축일이라 금식하는 전통 때문에 그렇다는데, 왜 하필 이날이냐고요?

숙소로 돌아와 다음날 피레네 산을 넘을 때 먹으려고 사둔 간식으로 순례길 첫날 저녁을 때웠다. 그나마 그거라도 없었으면 쫄쫄 굶을 뻔했다. 저녁을 맛있게 먹으려고 점심도 TGV 식당 칸에서 빵과 음료로 간단히 해결했는데…. 순례길 첫날부터 호된 신고식을 치렀다고나 할까.

첫날 숙박한 알베르게 가이드 마킬라의 시설은 깔끔했다. 알베르게에서의 첫 번째 숙박을 감안해 4인실로 예약했었는데, 나 빼고 3명이 모두 여성이었다(한국·스웨덴·덴마크). 아내에게 여성 세 명과 동침하게 생겼다고 카톡을 보냈더니 "계 탔네!"란 짧은 답이 왔다.

1일차

생장피에드포르 → 알베르게 보르다

(Saint Jean Pied de Port → Albergue Borda) 8.4km

본격적인 순례길 첫날

아침에 잠에서 깼을 때 스웨덴 여성이 속옷 차림으로 아무렇지 않게 말을 걸어와 참 민망했다. 무엇보다 눈을 어디에 둬야 할지 몰라 당혹스러웠다. 그렇다고 고개를 돌리고 말할 수도 없고. 문화의 차이를 실감하는 순간이었다. 가이드 마킬라의 조식은 깔끔했다. 토스트와 과일, 삶은 계란과 커피가 전부였지만, 오랜만에 입에 맞는 커피라서 두 잔을 마셨다.

본격적으로 순례길을 걷는 첫날이다. 어떻게든 허리 디스크가 악화되는 것만은 막아야 하겠기에, 당분간 배낭은 다음 숙소까지 택배로 보내기로 했다. 프랑스 생장피에드포르에서 스페인 론세스바예스까지는 24.2km. 1,400m가 넘는 피레네 산을 넘어야 하는 순례길 중 가장 힘든 코스로 알려진 길이다. 많은 사람이 첫날부터 힘들어 죽는 줄 알았다고 하기도 했고, 하루에 넘지 말고 중간에 끊어갈 것을 권하는 사람도 많았다. 처음부터 굳이 무리할 필요가 없을 것 같아, 생장부터 8.4km 지점에 있는 알베르게 보르다(Albergue Borda)에

서 하루 숙박하기로 마음먹고 미리 한국에서 예약했다.

짧게 걷는 일정이라 급할 게 없었기에, 생장 성곽을 둘러보고 오전 8시 30분경 천천히 출발했다. 프랑스길의 시작은 완만한 경사가 계속 이어졌다. 처음에는 이 정도면 굳이 배낭을 택배로 보내지 않고 메고 갔어도 괜찮겠다 싶었는데, 점점 경사가 가파르게 바뀌면서 잘 보냈다고 생각을 바꿨다.

작은 배낭만 메고 걸어서인지 예상보다 빠른 10시 30분경 오리손 산장에 도착했다. 알베르게 보르다는 오리손 산장에서 1km 정도만 더 올라가면 되고, 체크인 시간이 오후 2시였기에 오리손 산장에서 시간을 보내야 했다.

어제 같은 방에서 숙박했던 한국 여성 테레사를 만났다. 그녀는 오리손 산장에 숙박을 예약했다고 했다. 그렇지 않아도 혼자 점심을 먹으면 뻘쭘할 것 같았는데…. 함께 야채수프와 케이크로 점심 식사를 하며 시간을 보냈다.

알베르게 보르다, 16명 앞에서 자기소개를 하다

최근에 오픈했다는 알베르게 보르다는 침대 수가 16개로, 다른 알베르게에 비해 가격은 비싸지만 깨끗하고 시설도 좋아 최소한 두 달 전에 예약하지 않으면 숙박하기 어려운 곳이다. 침대를 배정받고 샤워 후 빨래까지 널어놓고 저녁 7시부터 만찬과 함께 커뮤니케이션 시간이 시작됐다. 식사 시작 전에 각자 돌아가며 자기소개를 해야 했다. 어느 나라에서 왔고, 순례길은 몇 번째인지, 왜 까미노를 걷게 되었는지 등등. 16명 중 나는 유일한 동양인이자 한국인이었다. 이런 낯선 상황은 처음이라 한동안은 적응하기 쉽지 않았다. 살짝 구글 번역기의 도움을 받아 메모한 문장을 중심으로 내 소개를 했다.

"만나서 반갑다. 영어가 형편없으니 이해해 달라. 나는 한국에서 왔고 내 이름은 관(Kwan)이다. 나이가 제법 있다 보니 몸 여기저기 특히 허리가 좋지 못하다. 그래서 나만의 속도로 천천히 걸으려고 한다. 내가 왜 힘든 까미노를 걷고 싶어 하는지는 나도 잘 모르겠다. 하지만 죽기 전에 꼭 한 번은 걷고 싶었다. 이 자리에 있는 여러분 모두

의 부엔 까미노(Buen Camino)를 기원한다."

대략 이런 내용이었다. 유일한 동양인이라 그런지 영어가 형편없다고 강조했음에도 무슨 질문이 그리도 많던지…. 진땀깨나 흘려야 했다.

저녁 식사 메뉴는 아주 만족스러웠다. 식사까지 마친 시간은 9시 30분경. 식당을 나와 침대로 가려는데, 남편과 함께 온 미국 여성이 조용히 다가와 말했다.

"당신 영어는 참 훌륭했다. 발음도 좋았고."

그럴 리가 있겠는가! 비록 형편없는 영어였지만, 기죽지 말라고 격려해 주는 따뜻한 마음이 느껴져 참 고마웠다.

첫날 가이드 마킬라에 이어 보르다 역시 모두 1층 침대에 개인 콘센트는 물론 프라이버시가 보장되는 커튼까지 있었다. 시작부터 너무 좋은 알베르게에서 숙박했음을 곧 알게 된다.

2일차

알베르게 보르다 → 론세스바예스(Albergue Borda → Roncesvalles) 15.8km

비 내리는 피레네 산을 넘다

새벽 5시도 안 되어 잠에서 깼지만, 혹시라도 다른 사람들에게 방해가 될까 봐 조용히 침대에서 가족과 카톡으로 대화를 나눴다. 일기예보를 확인하니 오전에는 비가 제법 내리는 것으로 되어있어 살짝 심란했다. 비가 내리면 번거롭기도 하지만, 무엇보다 기대했던 멋진 피레네의 풍경을 감상하기 어려울 것 같았기에….

7시 알베르게에서 제공하는 아침을 먹고 정확히 8시에 출발했다. 일기예보대로 비가 제법 많이 내려 판초 우의까지 걸쳐야 했다. 인천 송도 데카트론에서 판초 우의를 살 때만 해도 사용할 일이 없기를 바랐는데…. 비가 좀 잦아들었다 싶어 판초 우의를 벗으면, 곧 다시 비가 쏟아지곤 했다. 몇 차례 판초 우의를 벗었다 다시 걸치기를 반복하고 나서는, 아예 계속 판초를 걸치고 걸었다. 그렇게 한참을 걸어 올라가니 비가 내리는 날씨에도 푸드 트럭이 나와 있었다. 그냥 지나치기가 아쉬워 1€ 주고 삶은 달걀 하나를 먹었다.

전날 보르다 알베르게에서 저녁을 함께했던 아르헨티나 여성이 말을 걸어왔다.

"어제 자기소개를 들으면서 당신은 참 용기 있는 사람이라고 생각했다."

하긴 뭐 영어도 시원찮은 늙수그레한 아저씨가 이렇게 혼자 온 것은 용기가 있다고도 할 수 있겠지.

나도 뭔가 말을 해줘야 할 것 같은데, 무슨 말을 해야 할지 잘 떠오르지 않았다. 그래서 뜬금없이 이런 말을 던졌다.

"내가 아르헨티나 사람을 몇 명 알고 있다. 리오넬 메시, 메르세데스 소사, 그리고 체 게바라!"

"마라도나는 모르냐?"

그녀가 이렇게 되물어 함께 크게 웃었다. 여성임에도 나보다는 발걸음이 빨라 보이기에 론세스바예스에서 다시 만나자 하고 먼저 가라고 했다.

프랑스와 스페인 국경을 걸어서 통과하다

프랑스와 스페인 국경을 걸어서 넘는 것은 특별한 경험이었다. 작지만 국경 표시도 있다는데, 비와 안개 때문에 아쉽게도 확인하진 못했다. 문득 국경이란 과연 무엇일까, 라는 의문이 들었다. 이렇게 아

무 경계 없이 누구나 걸어서 넘을 수 있는데, 한때는 서로 더 많은 땅을 차지하려고 치열한 전쟁을 벌이기도 했으니….

큰 배낭을 택배로 보내고 가벼운 배낭만 메고 걸어서인지 피레네 산을 넘는 것이 걱정만큼 힘들지는 않았다.

저 멀리 론세스바예스가 보이기 시작할 무렵 딸랑딸랑 종소리가 들리면서 소 떼가 이동하는 멋진 이벤트가 펼쳐졌다!

전주에서 왔다는 경남 씨를 만나 이런저런 대화를 나누며 오후 1시경 론세스바예스에 도착했다. 침대를 배정받으려는 순례객들로 줄이 길게 늘어섰는데, 접수창구에는 여성 한 명밖에 없었고, 따로 안내하는 분들도 보이지 않아 조금 당황스러웠다. 알고 보니 체크인 시간이 2시부터인데 우리가 너무 일찍 도착했기 때문이었다. 2시가 넘자 다수의 나이 지긋하신 자원봉사자분들이 나타나 안내해주셨다. 순례길을 여러 번 걷고 은퇴 후 후배 순례자들을 돕는 분이 대부분이라고 하니 참 존경스러웠다.

이곳에서 전날 알베르게 보르다에서 함께 저녁을 먹었던 외국인들을 많이 만났다. 한 외국인 여성이 내 이름까지 기억해 "Hi, Kwan"이라며 반갑게 인사를 하는데, 나는 이름은 고사하고 어느 나라에서 온 것도 기억하지 못해 많이 미안했다.

론세스바예스 알베르게에는 한국인이 많았다. 네 명이 잘 수 있는 내 침대칸에도 세 명이 한국인이었다. 어제 보르다에서 낯선 타국에 홀로 던져진 것처럼 살짝 외로웠다면, 오늘은 마치 제주 올레길에 온 듯 편안한 기분이었다.

무례한 프랑스 여성

1층 침대 두 곳은 나와 다른 한국 남성이 배정받았고, 잠시 후 내 침대 2층으로 젊은 한국 여성이 배정받아 자리를 잡았다. 그렇게 세 명의 한국인이 담소를 나누고 있는데, 뒤늦게 맞은편 침대 2층 빈자리로 서양 여성이 들어섰다. 한참을 뭔가 잔뜩 못마땅한 표정으로 서 있다가 2층 침대로 올라갔고, "Where are you from?"이라는 질문에 짧게 "France"라고만 답한 후에도 계속 혼자 툴툴거렸다. (이 무례해 보이는 프랑스 여성과는 다음 날 아침 작은 사건이 발생한다.)

저녁은 지정 식당에서 한국 4명·미국 1명·프랑스 2명·이스라엘 1명·덴마크 1명 등 다국적 순례자가 유쾌한 분위기에서 식사를 했다. 까미노 첫날 생장에서 피레네 산을 넘었던 각자의 무용담에 대해 이런저런 이야기들이 참 많았다.

피레네 산을 걸어서 넘는 것에 대해 '생각보단 어렵고, 걱정보단 어렵지 않다.'는 말이 있다. 순전히 내 경험을 기준으로 말하면 이렇다. 배낭을 택배로 보낸다면, 굳이 오리손이나 보르다에서 숙박하지 않아도 생장에서 론세스바예스까지 큰 어려움 없이 도착할 수 있을 것 같다. 또 오리손이나 보르다에서 숙박한다면, 복잡한 론세스바예스가 아니라 3km만 더 걸으면 나타나는 조용한 마을 부르게테(Burguete)에서 숙박하는 것도 좋을 것 같다.

3일차

론세스바예스 → 수비리(Roncesvalles → Zubiri) 21.5km

인종차별은 그냥 넘길 수 없지!

론세스바예스 알베르게의 시설과 침대는 괜찮았는데, 화장실과 샤워장 소음이 너무 심했다. 특히 배정받은 침대가 여성 화장실 겸 샤워장과 가깝다 보니, 10시 소등 이후에도 수시로 마치 천둥소리 같았던 변기 물 내리는 소리가 그대로 전달되어 제대로 잠을 잘 수가 없었다.

맞은편 한국 남성은 일찍 떠나야 한다며 새벽에 출발했다. 아침을 예약한 나와 2층 침대 20대 한국 여성은 7시에 맞춰 식당에서 아침을 먹고 배낭을 정리해 출발하기 위해 자리로 돌아왔다. 어제 잔뜩 못마땅한 표정으로 툴툴거렸던 프랑스 여성이 1층으로 내려와 빈 앞자리 침대에 자신의 짐을 잔뜩 늘어놓은 상태로 내 침대에 앉아 휴대폰을 만지작거리고 있었다. 내가 돌아왔음에도 힐끗 쳐다보고는 계속 휴대폰을 보고 있는 모습에서 일종의 인종차별, 동양인을 무시한다는 느낌이 확실하게 들었다. 이럴 때는 그냥 넘어갈 수 없지. 정색하고 (고약한 표정으로) 말했다.

"이 침대는 아직 내 자리다. 네 자리로 가라."

잠깐 나를 쳐다본 후에도 계속 휴대폰을 만지작거리길래, 목소리를 최대한 낮게 깔고 훨씬 더 고약한 표정으로 힘주어 말했다.

"Right now!"

그제야 무례한 프랑스 여성은 움찔하더니 자리를 비켜줬다. 내 표정을 보니 더 이상 버텼다간 크게 망신당할 수 있겠다고 판단했던 것 같다. (마음 같아선 엉덩이라도 한번 걷어차고 싶었다.) 옆에 서 있던 20대

한국인 여성이 나를 보며 씩 웃더니 엄지척!

8시경 출발했다. 론세스바예스에서 수비리(Zubiri) 구간은 가장 아름다운 순례길 코스 중 하나로 손꼽히는 길이다. 길을 걷다 첫날 보르다에서 숙박했던 외국인과 만날 때마다 반갑게 인사를 나눴다. 16명의 소수 인원이 2시간 30분 동안 함께 식사하고 대화를 나누다 보니 남다른 동지애가 싹튼 것 같았다.

에스피날(Espainal) 마을 바에서 잠시 쉴 때 보르다에서 함께 식사했던 볼리비아 출신 순례자 닌파(Ninfa)를 만났다. 마침 수비리에 예약한 알베르게가 나와 같은 곳이라고 해서 자연스럽게 같이 걷게 되었다. 서의 4~5시간을 걸으면서 제법 많은 이야기를 나눴지만, 내 짧은 영어로 인해 깊은(?) 대화를 나누기에는 한계가 있었다.

토요일이다 보니 수비리에 도착했을 때는 문을 닫은 식당이 많았고, 마트도 모두 문을 닫았다. 어렵게 문을 연 식당을 찾아 순례자 메뉴로 식사를 했다.

순례자 메뉴는 보통 세 가지 순서로 제공된다. 먼저 수프나 샐러드, 두 번째로 고기 또는 생선 요리가, 끝으로 아이스크림 같은 디저트가 나온다. 거기에 와인 또는 생수를 선택할 수 있다. 가격은 12~15€ 정도.

왕비가 되는 북마크

수비리에서의 숙박은 알베르게 세군다 에파타(Albergue Segunda Epata).

밀린 빨래를 세탁기와 건조기에서 하려고 했는데, 건조기는 없었

고 세탁과 탈수는 무료로 서비스해준다고 했다. 다이소에서 2천 원 주고 산 빨래망에 옷과 양말을 담아 매니저에게 전달했다. 얼마쯤 후 매니저가 나를 부르더니 산더미 같은 빨래 중에서 내 옷을 찾아가라고 해서 순간 당황했다. 빨래망 지퍼가 터져서 내 옷이 다른 옷들과 다 섞인 것이었다. 옷은 그런대로 찾겠는데, 양말은 비슷한 브랜드 제품이 많아 찾는 데 애를 먹었다.

어쨌든지 해맑은 미소와 수다로 무장한 친절한 알베르게 매니저의 마음이 고마워, 준비해 간 한국 전통 북마크를 선물했다. 조선시대 왕비 의상 북마크. 책을 읽다 책 사이에 끼워두면 네가 왕비가 되는 것이라고 뻥을 섞어 말해줬더니, 환한 웃음과 함께 너무 좋아했다. (즉흥적으로 내뱉은 말이었는데, 반응이 너무 좋아 이 멘트는 앞으로도 자주 사용하게 된다.)

초강력 코골이 여성

생장피에드포르에 도착한 이후 처음으로 2층 침대로 배정받았다. 8인실 도미토리에 남성 5명, 여성 3명. 맞은편 서양 여성이 침대에 누워 1시간 넘게 큰소리로 통화를 했다. 매너가 실종된 외국인도 많구나 싶었다. 하지만 그건 곧 뒤이어 올 재앙(?)에 비하면 그야말로 새 발의 피에 불과했으니….

바로 옆 침대 2층에 자리 잡은 여성. 체중이 적어도 90kg 가까이 되지 않을까? 침대 2층으로 올라가는 것도 상당히 힘들어 보여, 저런 몸으로 과연 순례길을 걸을 수 있을까 싶었다. 보통 알베르게는 밤 10시면 소등하는데, 9시 30분경부터 지금까지 살아오며 단 한 번도 들어보지 못한 초강력 사운드로 코를 골기 시작했다. 보통 사람의 코고는 소리는 그저 자장가로 여겨질 만큼, 차원이 다른 강력한 코골이였다. 도저히 잠을 잘 수가 없어, 새벽 2시경 공용공간으로 나가 인터넷 검색도 하면서 지인들과 카톡으로 대화를 나눴다. 론세스바예스에서 잠을 제대로 못 잤기에 푹 자려던 계획이 엉망이 되고 말았다.

아이고… 그래, 이런 것도 순례 여정의 일부라고 할 수 있겠지.

4일차

수비리 → 팜플로나(Zubiri → Pamplona) 20.4km

까미노에서 만나기 힘든 중국인 순례자 피터

아침 6시경 도미토리의 모든 순례자가 잠을 깬 것 같아 양해를 구하고 방 전등을 켰다. (하긴 나뿐 아니라 누구도 그토록 강력한 코골이 소음에 제대로 잠을 자긴 어려웠을 것 같다. 당사자 한 사람만 빼고.)

간단히 씻고 자리로 돌아오는데 문제의 그 옆 침대 여성이 나를 보더니 해맑은 미소로 "Good morning!" 하고 인사를 했다. 순간 '웃는 얼굴에 침 못 뱉는다.'는 속담이 떠올랐다. 거기까지는 또 그렇다 치더라도 이번에도 역시 환한 미소와 함께 라커에 있는 자기 배낭을 2층 침대로 좀 올려달라고 했다. 나 이거야 원⋯.

뭐라고 한마디 해주고 싶었지만, 웃으며 부탁하는데 못하겠다고 하기도 그랬다. 과연 내가 배낭을 올려줬을지는 읽는 분들의 상상에 맡긴다.

'Camino Ninja' 앱으로 확인해 보니 수비리에서 5km 정도만 가면 식당과 카페가 있는 마을을 만날 수 있을 것 같았다. 거기서 아침을 먹으면 되겠다 싶어 출발했는데, 일요일이라 문을 열지 않았다.

한참을 허기진 상태로 걷다가 뱃속에서 거지가 부활할 때쯤 드디어 나타난 카페. 대기 줄이 길다 보니 주문하는 시간만 30분이 걸렸다. 직접 착즙한 오렌지주스와 스페인식 오믈렛이라고 할 수 있는 토르티야를 주문했다. 맛이 없을 수가 없었다. 마트가 문을 열지 않는 주말에는 생수와 비상용 간식은 꼭 미리 준비해야 한다는 것도 깨달았다.

겨우 허기를 달래고 다시 걷다가 수비리 알베르게 같은 방에서 숙박했던 동양인 순례자를 만나 인사를 나눴다. 중국인이고 이름은 피터(Peter)라고 했다. 기억조차 가물가물한 중국어로 "만나서 반갑다"고 했더니 환하게 웃으며 친근감을 표시했다. 함께 길을 걸으며 짧은 영어로 제법 많은 대화를 나눴는데, 유머 감각도 있고, 다방면에 상식이 풍부한 멋쟁이였다. 캐나다 밴쿠버에 살고 있고 나와 동갑이라 더 반가웠다. 그때부터 서로 친구라고 불렀다. 예약했다는 팜플로나 숙소도 같은 알베르게여서 끝까지 같이 걸었다.

가는 길 중간중간에 '여기는 스페인이 아니라 바스크다!'라는 낙서가 많이 보였다. 비단 바스크 지역뿐 아니라 몇 년 전에는 바르셀로나를 중심으로 카탈루냐 지역의 분리 독립 여부를 묻는 주민투표를 강행했었다. 주민의 90퍼센트가 독립에 찬성해 카탈루냐 공화국 수립을 선언했지만, 스페인 중앙정부에서 자치정부 지도부를 체포하고 카탈루냐의 자치권을 박탈하는 등 강력한 조치를 취해 무산된 적이 있다. 겉으로는 평화로워 보이지만, 스페인의 내부 사정도 결코 만만치 않음을 상징적으로 보여주는 것 같았다.

팜플로나 시내로 접어들어 예약한 숙소까지는 아스팔트 길로 1시간 넘게 걸어야 했다. 확실히 흙길을 걷는 것보다는 발에 부담이 느껴졌다. 예약한 알베르게 플라자 카테드럴(Albergue Plaza Catedral)은 팜플로나 대성당 바로 옆 시내 핫플레이스에 위치해 있었다. 대박!

샤워부터 하고 침대에서 휴식을 취하는데, 카페에서 요기할 때 잠시 대화를 나눴던 젊은 한국 여성(지영 씨)이 같은 침대 2층으로 배정받았다며 인사를 했다. 저녁은 피터와 지영 씨, 셋이서 같이 하기로 했다. 여러 방면에 관심과 상식이 풍부한 피터가 숙소와 가까운 곳에 헤밍웨이가 팜플로나에 거주할 때 자주 방문했던 카페가 있다고 먼저 들르자고 했다. 덕분에 헤밍웨이와 인증샷도 찍을 수 있었다.

지영 씨가 찜해둔 타파스 맛집으로 가던 중, 론세스바예스에서 지영 씨 안경을 찾아줬다는 프랑스 여성을 만나 합류했다. 식당은 구글에는 6시 30분에 오픈한다고 되어있었지만, 실제로는 7시에 오픈했다. 다행히 타파스는 기다린 시간이 전혀 아깝지 않을 만큼 맛있었다. 식당에서 피터가 프랑스 여성과 유창한 불어로 대화를 나누는 모습을 보니 부럽기도 하고 참 대단해 보였다.

팜플로나는 순례길에서 처음 만난 대도시였다. 중세 나바라 왕국의 수도였고, 매년 7월이면 위험천만한 소몰이로 유명한 '산 페르민(San Fermin) 축제'가 열리는 곳이기도 하다. 바로 이 골목이 붉은 띠나 스카프로 치장한 수많은 인파와 흥분한 소들이 닥치는 대로 치고받고 밟는 야단법석의 현장이라고 상상하니 기분이 색달랐다.

까미노를 걷기 위해 준비할 것은

같은 알베르게에 숙박한 20대 초반 한국 여성이 발에 큰 물집이 생겼고, 어깨도 멍이 들었다며 힘들어했다. 수비리에서 가장 일찍 출발했는데, 가장 늦게 팜플로나에 도착했다고. 약도 변변히 준비하지 못한 것 같아서 생장 약국에서 구매한 발바닥 물집 밴드 콤피드와 바르는 소염제 볼타렌, 그리고 한국에서 준비해 온 후시딘을 주면서 바르고 붙이라고 했다. 알베르게나 맛집 정보는 많이 알고 왔지만, 정작 중요한 걷는 연습이나 배낭 메는 법 등 기본적인 준비는 부족했던 것으로 보였다.

발바닥 물집 상태를 보니 계속 걷기 어려워 보였다. 중요한 것은 건강하게 산티아고에 도착하는 것이니 무리하지 말고 하루 이틀 쉬는 게 좋을 것 같다고 말해줬다. 또 네이버 카페 '까친연(까미노의 친구들 연합)'에 게시되어 있는 배낭 메는 법도 공유해줬다.

이틀 연속 잠을 제대로 못 자서 많이 피곤했는데, 푹 잘 수 있어 다행이었다.

5일차

팜플로나 → 푸엔테 라 레이나(Pamplona → Puente la Reina) 24.0km

용서하기 힘들었던 용서의 언덕

알베르게를 출발해 팜플로나 시내를 한참 걷다 보니, 순례자가 아니라 마치 산책 나온 여행자 같은 기분이 들었다. 팜플로나 시내를 빠져나와 본격적으로 순례길로 접어들기 시작하면서 햇살이 강해졌다. 선글라스를 쓰려고 늘 넣고 다니던 작은 배낭을 열었는데 보이질 않았다. 아무리 생각해도 어디 두었는지 기억이 나지 않았다. 혹시 푸엔테 라 레이나 알베르게에 택배로 보낸 배낭 안에 있기를 바라면서 걸었지만, 잘 챙기지 못한 나 자신에게 화가 났다.

매일 배낭 짐을 풀고 다시 싸는 일은 좀처럼 익숙해지지 않는다. 특히 아침 일찍 짐을 꾸릴 때 다른 사람들에게 방해되지 않게 조용히 움직이려다 보니, 소지품을 미처 챙기지 못하는 경우가 생기는 것 같다. 제법 비싸게 주고 사기도 했지만, 3~4년 동안 쓰면서 정이 많이 들었던 선글라스였다. 햇살 따가운 스페인 날씨에 선글라스가 없으니 많이 힘들었다.

팜플로나에서 푸엔테 라 레이나로 가는 길에는 철제 순례자 조형물로 유명한 '용서의 언덕(Alto del Pardon)'이 있다. 용서의 언덕에서 순례자 조형물을 바라보고 있노라면, 자연스럽게 용서에 대해 생각하게 된다. 과연 인간은 자신에게 씻을 수 없는 상처를 준 사람을 용서할 수 있을까? 진정한 용서는 인간이 아니라 신의 영역이라는 말도 있으니, 그만큼 용서하기 어렵다는 말일 것이다. 이곳은 누군가를 용서하고 용서받아야 하는 곳이라지만, 나는 칠칠치 못하게 아끼던 선글라스를 분실한 나를 쉽게 용서할 수 없었다.

약국에서 선글라스 구입

용서의 언덕에서 한참을 계속되는 내리막 자갈길은 오르막길보다 더 힘들었다. 내리막이 끝나는 마을 레스토랑에서 점심을 시키려는데, 앞사람이 얼음과 레몬을 넣은 코카콜라를 주문했다. 너무 시원해 보여 나도 따라 주문했다. 워낙 갈증이 나기도 했지만, 처음 탁! 하고 목에 와닿는 콜라의 감촉. 아~ 콜라가 이렇게 맛있는 음료였던가 싶었다. 한국에서는 콜라를 거의 마시지 않는데…. 이날 이후 가끔 콜라를 주문해 마셨다.

푸엔테 라 레이나 도착 전 만난 마을 오바노스(Obanos) 교회 앞 광장에는 십자가에 매달린 예수상이 있다. 가시면류관을 쓰고 못 박힌 예수의 처절한 표정에서 그 고통이 전해지는 듯했다.

푸엔테 라 레이나 마을 알베르게 푸엔테(Albergue Puente)에 도착 후, 혹시나 큰 배낭에 선글라스가 있나 뒤졌음에도 역시나 보이질 않았다. 립밤도 보이지 않길래 마을 약국에서 구입했다. 특이하게 스페인 약국에서는 안경도 판매하고 있어 선글라스도 같이 구매했다.

또 분실할 수도 있기에, 잃어버려도 아깝지 않도록 3만 원 정도 하는 저렴한 선글라스로.

6일차

푸엔테 라 레이나 → 아예기(Puente la Reina → Ayegui) 23.5km

Hola! Buen Camino!

오늘은 에스테야(Estella)에서 숙박하려고 했는데, 모든 숙소가 풀이라고 해서 2km 정도 떨어진 아예기(Ayegui)까지 걸어야 했다.

몇몇 알베르게에서 아침에 제공하는 토스트와 우유, 시리얼이 살짝 지겨워지기 시작했다. 보통 한국 사람의 경우 토스트 두 장 정도면 충분한데, 유럽 남성들의 식사량은 엄청났다. 대여섯 장 정도는 기본이었다.

까미노 길을 걷다 보면 자연스럽게 세계 각국에서 온 순례자들과 만나게 된다. 길을 걸으며 마주치는 사람마다 서로 "올라(Hola!)" 또는 "부엔 까미노(Buen Camino!)"라고 인사를 나눈다. 스페인어로 '안녕!' '좋은 순례길 되세요!'란 뜻이다. 그리 특별하다고 할 수 없을 것 같은 이 인사말은 힘이 들 때마다 묘하게 큰 힘과 위로를 준다.

몸은 고단하지만, 까미노 길을 걸으며 소소한 행복이 느껴지는 이유는 뭘까? 그것은 아마도 평소 일상과는 전혀 다른 경험을 하기 때문이 아닐까. 더군다나 한 달 반이라는 긴 시간을 낯선 타국에서 혼

자 보내는 경험은 처음이다 보니 더 그런 것 아닐까 싶었다. 어쨌든 산티아고 순례길은 힘들지만 소소한 행복이 있고, 그 소소한 행복으로 인해 힘든 순간을 거뜬히 넘길 수 있는 것 같다.

아예기로 가는 길은 지금까지 걸었던 길과는 다르게, 걷는 내내 약간 황량한 느낌을 주는 밀밭과 포도밭이 계속 이어졌다. 푸엔테 라 레이나를 출발해 1시간 반 정도 걸으면 만날 수 있는 시라우키 (Cirauqui) 마을은 멀리서 봤을 때는 마치 중세 판타지 영화에나 나올 법한 성처럼 보였다. 스페인의 햇살은 정말 따가워서 9월 말에도 한낮에는 마치 한여름 날씨 같았다.

한참을 걷다 보니 산티아고까지 겨우(?) 643km 남았다는 표지판이 보였다. 그동안 알게 모르게 제법 많이 걷긴 했구먼, 그래.

한국인끼리만 같은 방에서 묵다

숙박했던 알베르게는 공립 알베르게인 무니시팔 산 시프리아노 (Municipal San Cipriano).

시설은 사립 알베르게에 비해 살짝 떨어졌지만, 14명이 잘 수 있는 방에 배정받은 8명 모두 한국인이었다. 이게 배려인지 차별인지 잠시 갑론을박이 있었다. 하지만 옆 방을 살짝 보니 14명 침대가 거의 꽉 찼던 것으로 미루어, 조금 시크했던 알베르게 호스트 스페인 할아버지가 한국인들을 위해 배려해 준 거라고 우리끼리 결론을 내렸다. 덕분에 순례길 중 처음으로 마치 제주 올레길 게스트하우스처럼 편안한 분위기에서 시간을 보낼 수 있었다. 한 분은 휴대폰을 충전해 두고 마음 편히 자리를 비울 수 있는 것만으로도 너무 좋다고 했다.

가까운 곳에 제법 큰 마트가 있어 저녁거리와 간식을 사기 위해 방문했다. 내심 신라면이나 햇반도 살 수 있기를 기대했지만, 역시나 없었다. 대신 처음 먹었지만, 너무 맛있었던 납작 복숭아와 스페인식 컵라면·달걀·삶은 문어 등으로 만찬을 즐겼다.

미국에서 왔다는 한국분이 직접 채집해 코팅한 네 잎 클로버를 같은 방에서 숙박한 모두에게 나눠줬다. 까미노를 마칠 때까지 행운이 함께하길 바라는 마음으로 휴대폰 케이스 뒤쪽에 보관했다. 그냥 받기만 할 수는 없어 외국인에게 선물하려고 준비했던 북마크 중 장수를 상징하는 십장생을 선물했다. 걸었던 길보다는 알베르게에서 한국인끼리 보냈던 시간이 더 특별했던 하루였다.

7일차

아예기 → 토레스 델 리오(Ayegui → Torres del Rio) 27.4km

와인을 맛보지 못해 살짝 섭섭했던 이라체 수도원

한국인들은 참 부지런하다. 같은 방에서 숙박했던 8명 중 5명이 아침 6시 전에 출발했다. 이날은 아예기부터 토레스 델 리오까지 27.4km. 제법 긴 거리를 걸어야 하는 구간이다. 어제 마트에서 구입한 크루아상과 오렌지주스, 그리고 납작 복숭아로 아침을 먹었다.

걷기 시작해 30분쯤, 무료 와인으로 유명한 이라체(Irache) 수도원을 만날 수 있었다. 이라체 수도원에서는 과거 순례자들을 위해 빵과 포도주를 나누어주던 베네딕트 수도회의 전통을 살려 지금도 와인과 물을 무료로 제공하고 있다. 내가 이곳을 지날 무렵인 8시경에는 와인이 나오지 않아 살짝 섭섭했는데, 나중에 알고 보니 9시부터 제공한다고 했다.

이라체 수도원을 지나자 끝없이 펼쳐진 밀밭과 포도밭이 나타났다. 스페인은 적어도 사람이 굶어 죽는 일은 없을 것 같은 축복받은 땅이 틀림없어 보였다. 그동안 피로가 누적된 탓인지, 걷는 동안 몸이 조금 무겁게 느껴졌다.

　이라체를 지나 길을 걷던 중 론세스바예스에서 저녁을 먹을 때 같
은 식탁에 앉았던 덴마크 여성과 만났다. 반갑게 인사를 나누고 자연
스럽게 같이 걸었다. 180cm가 훌쩍 넘은 키에 보폭이 워낙 크다 보
니 계속 그녀의 속도에 맞춰 걷다간 무리가 따를 것 같아, 다음에 또
보자 하고는 먼저 가라고 했다.

　구글 지도에 표시된 소요 시간은 서양 사람들 보폭 기준인 듯, 실
제로는 더 오랜 시간이 걸렸다.

　숙박하려고 했지만 모든 알베르게가 풀이어서 예약할 수 없었던
로스 아르코스(Los Arcos) 중심가 식당에서 해산물 파에야와 맥주로
점심을 먹었다. 식사 후 토레스 델 리오까지는 태양을 마주 보며 다
시 7.4km를 가야 했는데, 확실히 오전에 걷는 것보다 오후에 피로

가 더 크게 느껴졌다. 아침 7시 30분경 출발해 오후 4시경 알베르게에 도착했으니, 식사와 중간중간 쉬는 시간을 포함해 8시간 넘게 걸은 셈이다.

BTS 인기를 실감하다

알베르게 라 파타 데 오까(Albergue La Pata de Oca) 저녁 식사에는 16명이 참석했다. 나와 두 명의 코리안 영 레이디(팜플로나부터 같이 걸었던 지영 씨, 푸엔테 라 레이나에서 합류한 승혜 씨), 그리고 독일 여성을 빼곤 모두 스페인 분들이었다. 대화는 쉽지 않았지만, 분위기만큼은 무척 흥겨웠다. 독일 여성의 딸이 BTS 열성 팬이라는데, 최근 BTS 활동 중단 선언으로 슬픔에 잠겨 지낸다고 했다.

와인은 기본에 빵·샐러드·빠에야·디저트로 구성된 순례자 메뉴는 단순했지만, 맛은 훌륭했다. 식사 후 알베르게 호스트의 라이브 공연이 이어졌는데, 살짝 터프해 보이는 외모와는 달리 감미로운 목소리로 멋진 노래를 순례자들에게 선물했다.

내일은 팜플로나에 이어 두 번째 만나는 대도시 로그로뇨(Logrono)에 도착할 예정이다. 마침 '로그로뇨 와인 축제' 기간이라고 하니 모처럼 알베르게가 아닌 호텔에서 숙박하며 재충전하기로 마음을 먹었다. 부킹닷컴을 통해 예약한 호텔이었다. 알베르게에서 2주간 잘 수 있는 금액을 겨우 이틀 숙박에 써야 하나 고민이 되기도 했지만, 그동안 별 탈 없이 잘 걸어온 나에게 주는 선물로 생각하기로 했다.

8일차

토레스 델 리오 → 로그로뇨(Torres del Rio → Logrono) 20.2km

9월 말 까미노에서 초겨울 가을 여름을 동시에 만나다

　토레스 델 리오에서 로그로뇨까지는 20.2km로 비교적 짧은 구간
이다. 7시 30분경 일출을 보며 출발했다. 점점 해가 늦게 뜨고 있다.
로그로뇨로 가는 길은 오르막과 내리막이 심하지 않아 별 부담 없
이 걸을 수 있었다.

　토레스 델 리오를 출발해 10km쯤 걸으면 만나는 비아나(Viana) 마
을에서 토르티야와 카페콘레체(카페라테), 그리고 우리의 순대와 비
슷한 모르시야(Morcilla)로 아침 식사를 했다. 9월 말 산티아고 순례
길 날씨는 봄 빼고는 다 있는 것 같았다. 아침 일찍 나올 때는 살짝 손
이 시린 초겨울, 오전에는 가을, 한낮에는 마치 여름 같은 날씨였다.

　로그로뇨는 라 리오하주(州)의 주도로 인구는 약 15만 명 정도이다.
라 리오하 지역은 스페인에서 가장 유명한 포도 재배지로, 이곳에서
생산되는 리오하 포도주는 최상급 포도주로 인정받고 있다.

반려동물 전용 빨래통에 빨래를 돌리다

산티아고 순례길을 걷기 시작한 이후 가장 빠른 시간인 오후 1시경 예약한 머큐어 칼튼 리오하(Mercure Carlton Rioja) 호텔에 도착했다. 체크인을 마치고 빨래를 하려고 했는데, 호텔의 세탁 서비스 가격이 너무 비쌌다. 양복이나 와이셔츠도 아닌 아웃도어 티셔츠와 바지, 속옷, 양말들을 그렇게 비싼 비용으로 세탁할 이유가 없어 휴대폰으로 주변을 검색해 빨래방을 찾았다.

한국에서도 가본 적이 없는 빨래방을 찾아가긴 했다. 하지만 스페인어로 되어있는 작동법을 보며 몇 번을 시도했지만, 쉽지 않았다. 어쩔 수 없이 카톡 영상통화를 통해 딸 녀석의 도움을 받고서야 겨우 빨래를 세탁통에 넣어 작동시킬 수 있었다. 30분 소요된다는 안내가 떴다. 빨래방 안에는 나와 스페인 중년 여성 단둘. 그렇게 둘이 앉아 있자니 조금 뻘쭘하긴 했다. 그런데 그 스페인 여성이 나에게 뭔가 하고 싶은 말이 있는 것처럼 보였다. 스페인어로 뭐라 하는데 알아들을 수 없었고, 영어는 못해서 소통하기 어려웠다.

빨래가 거의 끝나갈 무렵 그 스페인 여성이 나에게 다가와서는 다시 뭐라고 말을 했다. 이번에도 알아듣지 못하자 왈~왈~ 개 짖는 소리를 흉내 내는 것이 아닌가! (아니, 이건 또 무슨 상황?) 아! 이런~ 그때야 비로소 내 빨래를 넣은 빨래통이 반려동물 전용임을 깨달았다. 자세히 보니 빨래통 앞에 작지만, 개와 고양이 그림도 그려져 있었다. 딸 녀석과 다시 영상통화를 하며 빨래를 하는 것까진 성공했는데, 하필 반려동물 전용 빨래통에 넣고 빨래했다고 말했더니 "아빠! 빨래 탈~탈~탈~ 털어서 널으세요!" 이렇게 나의 첫 번째 빨래방 체험은 엉망진창으로 마감됐다.

저녁에 중국 친구 피터, 그리고 지영, 승혜 씨와 함께 와인 축제가 한창인 로그로뇨 시내 중심가를 찾았다. 산타마리아 대성당을 잠시 둘러보고, 62년째 영업하고 있다는 바 엔젤(Bar Angel)에서 와인과 함께 양송이 타파스를 맛봤다. 길게 말할 것 없이 한마디로 맛있었다. 괜히 62년째 영업하고 있는 것이 아니었다.

9일차

Logrono

까미노 순례길 첫 미사 참석

4성급인 머큐어 칼튼 리오하 호텔 조식은 종류는 많지 않았지만, 모두 맛있고 깔끔했다. 2박 요금이 200€였으니 알베르게에서는 거의 보름을 숙박할 수 있는 가격이었다. 과용했다는 생각이 들어서 이날 이후 호텔에서의 숙박은 최대한 자제하게 됐다. 에어컨을 끄고 잔다는 것을 깜박해 계속 틀고 잔 탓인지 감기가 온 것 같았다. 한국에서 준비해 온 종합감기약을 먹었더니 비몽사몽 몹시 졸렸다.

로그로뇨 산타마리아 대성당 아침 9시 미사에 참석했다. 순례길을 걷기 시작한 이후 처음 참석한 미사였다. 가톨릭 신자도 아니고 미사가 진행되는 내내 단 한마디도 알아듣지 못했지만, 뭔지 마음이 꽉 차는 느낌이 들었다. 아프지 않고 무사히 산티아고 데 콤포스텔라까지 완주할 수 있기를, 또 한국에 있는 가족들의 건강을 기원했다.

나의 후미에는 뭘까?

미사를 마친 후 카페에서 모처럼 에스프레소 한잔을 마시다가 문득 마틴 스코세이지 감독의 영화 「사일런스Silence」가 떠올랐다. 배교를 강요당한 로드리고 신부가 예수의 얼굴이 새겨진 '후미에'[1]를 밟을 때 나무 판때기에서 마모된 얼굴의 예수는 말한다.

"밟아도 괜찮다. 나는 너희에게 밟히기 위해 존재한다."

"주님, 당신이 언제나 침묵하고 계시는 것을 원망하고 있었습니다."

신부의 독백에 예수는 대답한다.

"나는 침묵하고 있었던 게 아니라 함께 괴로워하고 있었다."

어쩌면 사람들은 자신만의 후미에를 가지고 있을지도 모르겠다. 영화에서는 예수의 얼굴이 새겨진 나무판이지만, 자신의 신념이나 소신으로 대체할 수도 있겠다. 그렇다면 과연 나의 후미에는 뭘까?

---

1) 일본 에도 시대에 막부가 기독교 금지령에 의한 기독교인 구별 방법으로 사용하였던, 예수나 마리아가 새겨진 나무 또는 금속판

실제로는 결코 그렇지 못하면서 주변 사람들에게 젠틀하고 정의롭다는 평가를 받고 싶었다. 마초 근성이 가득하면서도 페미니스트처럼 보이고 싶었다. 가끔 불쑥 튀어나오기도 했지만, 나의 본성과는 다르게 행동해야 했던 것. 그런 위선을 통해 가당찮게 괜찮은 사람이란 평가를 받고 싶은 인정욕구가 강했던 것. 바로 그게 내가 밟아야 할 나의 후미에가 아닐까?

독립을 선언하다

특별히 계획했던 일정이 없었기에 로그로뇨 시내를 혼자 유유자적 둘러봤다. 산타마리아 대성당 부근 노천카페에 자리를 잡고 지나가는 사람들을 쳐다보고 있자니 마치 현지인이 된 것 같은 착각에 빠지기도 했다. 와인 축제 행사장에 줄을 서 3€를 내고 리오하 와인 한 병과 타파스를 받았다. 육식은 하지 않기에 고기가 들어간 타파스는 바로 반납했다.

감기약의 영향으로 계속 몽롱하길래 호텔로 돌아가 낮잠을 한숨 잤다. 감기로 비몽사몽 하다 보니 정작 중요한 와인 축제 프로그램들은 즐기지 못했다.

전날 맛있게 먹었던 양송이 타파스를 먹기 위해 저녁에 바 엔젤을 다시 찾았다. 어제와는 달리 사람이 너무 많아 정신이 하나도 없었고, 직원들은 지나치다고 느껴질 정도로 불친절했다. 이미 한번 먹었기에 '한계효용 체감 법칙'이 작용하기도 했겠지만, 워낙 정신없고 직원들도 불친절하니 어제와는 달리 그리 맛있게 느껴지지 않았다.

팜플로나 같은 알베르게에서 숙박했던 지영, 승혜 씨와 로그로뇨까지 5일을 같이 걸었다. 30대 초반과 20대 후반이니 딸 녀석과 비슷한 나이였다. 맛집이나 괜찮은 알베르게를 착착 검색해 알려주니 나로서는 너무 편하긴 했다. 하지만 혼자 순례길을 걷기로 결심했던 것이 어렵더라도 스스로 해결해보고 싶은 마음이 컸기 때문이었는데, 계속 도움을 받아서는 안 될 것 같았다. 그들 역시 아빠 또래의 중년 아재와 함께 걷는 것이 뭐가 재미있겠는가. 저녁을 먹은 후 내 생각을 전달하고, 내일부터는 따로 걷자고 말했다. 혹시 우연히 다시 만나게 되면 반갑게 인사하자고 했다.

10일차

로그로뇨 → 나헤라(Logrono → Najera) 29.6km

가성비 갑 리오하 와인

오늘 걸어야 할 거리는 거의 30km, 제법 빡센 일정이다. 로그로 뇨 시가지를 벗어나는 데만 한 시간 정도가 소요됐다. 대도시에서 순례길을 찾기란 쉽지 않았다. 그냥 노란 화살표만 보고 걸어가면 되는 시골길과는 다르게 여차하면 한참을 되돌아가야 했다. 또 흙길과는 달리 아스팔트 길을 계속 걷다 보면 확실히 발바닥에 충격이 전해져왔다.

수확이 끝난 밀밭과 포도밭이 끝도 없이 이어지면서 처음에는 멋지게 보이던 풍경이 살짝 지겨워지기 시작했다. 나바레테(Navarrete) 마을로 접어들기 전 멀리 황소상이 보였다. 황소가 뭘 상징하는 것인지 알지 못하다 보니, 약간은 생뚱맞아 보였다.

조금 더 걸으니 큰 와이너리가 나타났다. 순례길을 걸으며 거의 매일 많든 적든 와인을 마셨다. 확실히 라 리오하 지역에서 생산되는 리오하 와인이 가장 맛도 있고 비싸기도 했다(한국과 비교하면 너무나 싼 가격이지만).

산티아고까지 남은 거리가 불과(?) 576km. 이 정도면 완주가 가능하겠다는 자신감도 뿜뿜!!

감기에 몸살에 외로움까지

한동안 일행들과 같이 걷다가 혼자 걸으니 조금 외롭기도 하고, 한편으로는 그동안 내가 너무 남에게 의존했구나 싶었다. 아침으로 바에서 카페콘레체 한잔과 빵 한 조각만 먹은 상태로 약 30km를 걸어 나헤라에 도착했더니, 배가 너무 고팠다. 토요일 오후라서 그런지 문을 연 식당이 많지 않았다. 어렵게 찾은 바에서 와인과 카르보나라 파스타로 주린 배를 채웠다. 역시 어렵게 찾은 동네 작은 식료품 가게에서 일요일 아침용 빵과 주스도 구매했다. 순례길에서 토요일 오후부터 일요일은 문을 닫는 식당과 마트가 많으니, 미리 대비하지 않으면 허기에 시달릴 수 있다. 나헤라에서의 숙박은 호스텔 히스파뇨(Hostal Hispano). 감기 증세가 있기에 1인실로 예약했다. 그나저나 로그로뇨에서 시작된 감기는 좀처럼 회복될 기미를 보이지 않고, 이제 목까지 아프기 시작했다. 일교차가 심한 날씨에 계속 밖에서 걷는 일정이다 보니, 쉽게 낫기 어려운 환경 탓도 있겠다. 저녁에는 오한이 나면서 몸살기까지 있길래 종합감기약을 먹고 일찍 잠자리에 들었다.

11일차

나헤라 → 그라뇽(Najera → Granon) 27.5km

혹시 코로나…?

어젯밤 일찍 잠든 탓인지 새벽 4시에 눈이 떠졌다. 일어나니 콧물과 함께 목이 심하게 부어 침을 삼키기조차 힘들었다. 코로나 팬데믹 이후 거의 3년 반만의 감기였다. 혹시 코로나에 걸린 것은 아닐까, 걱정도 됐다.

특별히 할 일도 없어 아직 어둠이 가시지 않은 7시에 출발했다. 나헤라에서 그라뇽까지도 27.5km로 제법 긴 구간이다. 첫 번째 만난 바에서 늘 마시던 카페콘레체 대신 따뜻한 차를 마시고 있는데, 며칠 전 같이 걸었던 경남 씨가 반갑게 인사를 했다. 혹시 코로나일지도 모르니, 오늘은 따로 걷자고 하고 먼저 출발하라고 했다.

컨디션이 좋지 못하니 걷기가 쉽지 않았다. 몸도 마음도 무거웠다. 나는 왜 이 길을 그렇게 걷고 싶었을까. 순례길을 걷기 시작한 이래 처음으로 회의감이 들었다. 길에서 만나는 순례자들의 "부엔 까미노!"에 일일이 대답하는 것조차 힘들어, "올라!" 작은 목소리로 대신했다.

순례길 중 처음으로 버스를 타다

산토도밍고(Santo Domingo de la Calzada) 성당 부근 한 카페에서 따뜻한 차를 주문해 마셨다. 아무래도 더 이상 걷는 것은 무리가 될 것 같았다. 산토도밍고에서 그라뇽까지 남은 거리는 6.7km. 배낭을 직접 메고 걷는 상황이었다면 산토도밍고의 적당한 알베르게에서 숙박하겠는데, 택배로 배낭을 그라뇽으로 보냈기에 무조건 그곳까지 가야 했다.

카페 주인에게 그라뇽으로 가는 버스를 어디서 타냐고 물었다. 나는 스페인어를 못했고 카페 주인은 영어를 못했지만, 알려주려고 최선을 다하는 모습이 참 고마웠다. 구글 번역기와 구글 지도를 통해 어렵게 버스정류장 위치를 알 수 있었다. 버스정류장까지는 겨우 찾았는데, 더 큰 문제는 도대체 어느 버스를 타야 하는지, 또 그 버스가 언제 오는지 모른다는 것이었다.

정류장 의자에 앉아있던 세 명의 스페인 여성으로부터 정보를 얻는 데 실패하고 난감했는데, 마침 그때 정류장에 온 다른 스페인 여성은 영어가 가능했다. 그 여성이 자신은 벨로라도까지 가는데, 그 버스가 그라뇽에 정차하는 걸로 안다. 버스 탈 때 기사에게 확인해서 다시 알려주겠다고 했다.

"Muchas Gracias(정말 고마워)!"

그런데 도대체 버스는 언제 오냐고 물었더니 1시간 40분 후에 온다고…. 그 시간이면 차라리 걸어가는 게 빠를 것 같았지만, 기왕 버스 타고 가기로 마음먹었으니 그냥 기다리기로 했다.

지루하게 버스를 기다리다가 알베르게 보르다에서 같이 저녁을 먹었던 프랑스 부부를 만났다. 부인이 무릎이 심하게 아파 병원에 갔는데, 의사가 더 걸으면 안 된다고 해서 걷기를 중단하고 집으로 돌아갈 예정이라고 했다. 눈물까지 글썽이며 아쉬워하는 부인에게 위로의 말을 전했다.

"산티아고까지 걷는 것보다 당신 몸이 훨씬 중요하다. 잘 회복해서 다음에 다시 걸으면 되지 않겠냐."

부인이 내 이름은 기억하는데 어느 나라에서 왔는지는 잊었다기에, "KOREA"라고 강조해서 알려줬다.

마스크에서 자유로운 스페인도 버스에 탑승할 때만큼은 반드시 마스크를 착용해야 했다. (미처 마스크를 준비하지 못한 승객은 기사가 탑승을 거부해 승차하지 못했다.)

6.7km의 짧은 거리이니 금방 도착할 것 같아 버스 가장 앞쪽에 앉았다. 잠시 후 기사가 큰 목소리로 "그라뇽!"을 외치길래 바로 내렸다. 하지만 기사가 내려준 곳은 그라뇽 중심이 아닌 외곽도로였다.

구글 지도로 검색하니 예약한 알베르게까지는 5.5km를 더 걸어야 했다. 어렵게 기다려 버스를 탄 보람이 없었지만, 이것도 순례길 중 오래 기억에 남는 추억이 될 거라며 스스로를 위로했다.

난감한 상황이 계속되다

예약했던 알베르게 카라스케도(Albergue Carrasquedo)에 도착해서도 난감한 상황이 이어졌다. 프런트에 근무하는 여성에게 정중하게 부탁했다.

"배낭을 이곳에 택배로 보냈는데 어디서 찾는지, 또 가능하면 1층 침대로 배정해주면 고맙겠어요."

순간 그 여성은 눈을 동그랗게 뜨고 당황한 표정으로 나를 바라봤다. 내 영어 발음이 그 정도로 형편없었나 싶어 다시 또박또박 말했음에도 비슷한 반응이었다. 알고 보니 그 여성은 영어를 한마디도 못했다. 적지 않은 외국인 순례자가 찾을 텐데…. 잠시 당황스럽기는 했지만 여기는 스페인, 꼭 영어를 잘해야 하는 법은 없으니까.

이곳 알베르게는 순례길에서 살짝 벗어나 있었고, 내부에는 작은 성당과 식당도 있었다. 알베르게 식당에 어르신들이 많은 것으로 미루어, 동네 어르신들의 사랑방 역할까지 하는 곳으로 보였다. 대략 15개의 침대는 모두 1층이었고, 이날 숙박객은 3명밖에 없어 편안하

게 잘 수 있었다.

　다행히 저녁부터는 목 통증과 콧물이 줄어든 것으로 미루어, 코로나는 아닌 걸로 스스로 결론을 내렸다. 이곳 알베르게의 저녁 식사 시간은 7시 30분. 저녁을 먹은 후 일찍 잠자리에 들었다. 어느 날보다 길게 느껴진 하루였다.

12일차

그라뇽 → 벨로라도(Granon → Belorado) 15.5km

순례길에도 좀도둑이

아침에 일어나니 다행스럽게 몸살기는 사라진 듯했고, 목 통증도 많이 가라앉았다. 몸 컨디션을 감안해 이날은 벨로라도까지 15.5km 만 짧게 걷기로 마음먹었다. Camino Ninja 앱으로 확인하니 벨로라도까지는 거리가 짧을 뿐 아니라 오르막 내리막도 심하지 않은 평탄한 길이어서, 순례길을 걷기 시작한 이후 처음으로 직접 배낭을 메고 걸었다.

첫 번째 만난 카페에서 아침을 먹다가 론세스바예스에서 만났던 한국 여성과 오랜만에 다시 만났다. 반갑게 인사를 나누고 벨로라도까지 같이 걸었다. 이틀 전 알베르게에서 돈을 잃어버려 멘붕이 왔었다고 했다.

순례길에도 드물지만, 좀도둑은 있으니 조심해야 할 것 같다. (특히 여권, 지갑, 휴대폰만큼은 항상 몸에 지니고 있어야 함!) 다행히 여권과 카드는 손대지 않고 현금만 가져갔고, 지갑에는 70€가 들어있었다고 했다. 망연자실하고 있는데, 알베르게 주인이 경찰에 도난 신고 후 50€

를 주며 위로해줘서 정말 고마웠다고…. 이런저런 이야기를 나누다
보니 딸 녀석과 동갑이었다.

눈물이 나올 뻔했던 신라면

걷는 거리가 짧아 12시경에 예약한 알베르게에 도착했지만, 체크인 시간이 13시였다. 알베르게 옆 카페에서 직접 착즙한 오렌지주스, 게맛살과 순대 비슷한 타파스로 점심을 먹었다.

알베르게 쿠아트로 칸토네스(Albergue Cuatro Cantones)는 마치 한국 순례자 중간 집합소 같았다. 그뿐 아니라 한동안 만나지 못했던 외국인들도 이 알베르게에서 만날 수 있었다. 첫날 같은 알베르게에 숙박했던 테레사, 볼리비아 친구 닌파, 팜플로나부터 5일간 같이 걷고 이후 따로 걸었던 지영 씨, 피레네를 같이 걸어 내려왔던 경남 씨, 중국 친구 피터 등등.

알베르게 샤워장은 남녀 구분이 없었고, 오로지 나무 칸막이로만 분리되어 있었다. 머리에 샴푸를 칠하고 헹구려는 순간 갑자기 찬물만 나오기 시작해 깜짝 놀랐다. (겨우 감기가 좀 나아지려고 하는데…) 바로 옆 칸에서 한국 여성이 샤워 중인 것은 알고 있었다. 왕년 해병대 자존심 때문에 차마 소리는 내지 못하고 겨우 참고 있는데, 옆 칸

에서 으~으~ 하며 비명을 참는 소리가 들려 나도 모르게 피식 웃음
이 나왔다.

주방에 산티아고 순례길을 여섯 번이나 다녀온 김소영 도예 작가
가 다녀간 흔적이 보여 사진을 찍어 카톡으로 보냈더니, 무척 반가워
하며 산티아고까지 무사히 완주하기를 기원해줬다.

이날은 벨로라도 공립 알베르게에도 한국인 순례자들이 많았던
지, 그곳에서 신라면 파티가 있을 예정이라는 연락을 받았다. 저녁
을 순례자 메뉴로 먹을까 했는데, 바로 마음을 바꿔 공립 알베르게
로 향했다. 아! 김치가 없어도 신라면은 이렇게 맛있는 거였구나! 거
의 보름 만에 먹는 한국 음식이었다. 조금 과장해 눈물이 나올 만큼
맛있었다.

영화 「더 웨이 The Way」

벨로라도 거리 곳곳에 산티아고 순례길을 소재로 특히 미국에서 흥행에 성공한 영화 「더 웨이The Way」의 감독과 출연 배우들의 핸드프린팅이 보였다. 아마도 영화의 상당 부분을 이곳에서 찍지 않았나 싶다. 이 영화를 봤다는 사람이 없어, 라면을 먹고 숙소로 돌아오는 길에 동행한 길동무들에게 영화의 줄거리를 이야기해줬다.

의사인 아버지와 사이가 원만하지 못했던 아들은 아버지의 반대에도 불구하고 홀로 산티아고 순례길로 떠난다. 그런데 얼마 후 아들이 사망했으니 시신을 수습하라는 연락을 받고 아버지는 급히 생장피에드포르로 간다. 현지 경찰은 아들이 날씨가 좋지 않아 위험하니 가지 말라는 경고를 무시하고 피레네 산을 넘다가 조난사했다고 전해준다. 아들의 죽음을 확인한 아버지는 시신을 화장한 후, 모든 진료 예약을 취소하고 아들의 배낭을 메고 직접 순례길을 걷는다. 중간중간 아들의 뼛가루를 뿌리면서, 도대체 아들은 왜 이 길을 걸으려고 했는지 이해하려고 한다.

대충 이런 줄거리였는데, 말하는 도중 나도 모르게 감정이입이 되면서 목소리가 살짝 잠기는 게 아닌가! 아무래도 순례길을 걷다 보니 조금은 센티멘탈해진 것 같다. 다행히 일행 모두 눈치채진 못한 것 같았다. 하마터면 아주 난감한 상황이 될 뻔했다.

13일차

벨로라도 → 산 후안 데 오르테가(Belorado → San Juan de Ortega) 23.8km

나만의 물집 방지법

오늘은 벨로라도에서 산 후안 데 오르테가까지 23.8km 구간이다. 숙소를 예약하지 못해 선착순으로 입실시키는 공립 알베르게에 숙박하기 위해 평소 걸음보다 빠르게 걸었다. 9월 15일부터 본격적으로 순례길을 걷기 시작했으니, 어느덧 열흘이 훌쩍 넘었다. 참으로 다행스러운 것은 아직 발 상태가 양호하다는 것이다. 까미노를 시작하기 전 가장 걱정스러웠던 것 중 하나가 혹시 발톱이 빠지거나 발에 물집이 심하게 잡혀 고통스럽지 않을까. 또 악명 높은 유럽의 베드버그에 물려 괴롭지는 않을까였다.

걸어야 할 길이 많이 남아 있지만, 왠지 끝까지 괜찮을 것 같은 자신감이 들었다. 오로지 나의 사례일 뿐이지만, 양말은 발가락 양말과 울 양말, 두 켤레를 신었다. 또 매일 잠들기 전과 아침 출발 전에 발바닥과 발가락 사이에 바셀린을 가볍게 발라줬다. 신발은 양말을 두 켤레 착용하는 것을 감안해 평소 신는 것보다 두 치수 크게 준비했는데, 이것도 도움을 준 것 같다. 역시 내 생각일 뿐이지만, 발톱이 빠지

는 경우는 순례길을 준비하며 발에 딱 맞는 새 신발을 신고 내리막길
에서 발가락이 계속 앞으로 쏠리기 때문이 아닐까 싶다.

메세타 구간을 걸을까, 점프할까?

오전 7시 30분에 출발해 5시간 만인 12시 30분에 산 후안 데 오르테가 공립 알베르게에 도착했다. 23.8km÷5=4.76km. 그러니까 시간당 거의 4.8km를 걸었다는 뜻이다. 순례길을 걷기 시작할 때만 해도 시간당 겨우 4.0km 남짓 걸었는데, 그사이 걸음이 많이 빨라졌다.

씻고 빨래해 널고 나서도 시간이 넉넉해 마을 주변을 산책했다. 마을이라고 해야 정말 손바닥만 해서 돌아보는 데 10분. 마트도 없는 작은 마을이었다. 점심 식사를 같이했던 닌파가 부르고스에서 레온까지는 버스로 이동하고, 산티아고 도착 후 피스테라와 무시아까지 걷겠다고 했다. 듣고 보니 귀가 솔깃할 정도로 참신한 생각으로 보였다.

부르고스에서 레온까지 이어지는 이른바 메세타 구간은 밀밭이 끝없이 이어지는 대평원길이다. 많은 순례자가 지루하다며 이 구간을 버스로 건너뛰기도 하고, 어떤 순례자는 이곳이야말로 산티아고 순례길 최고의 구간이라고 말하기도 한다. 메세타 구간을 걸을지, 아니

면 산티아고 도착 후 다시 대서양 바다와 마주한 피스테라까지 걸을
지 고민이 반복됐다.

이 작은 동네에서는 정말 할 일이 없어 일찍 잠자리에 들 수밖에
없었다. 내일 도착할 예정인 부르고스는 팜플로나, 로그로뇨에 이어
세 번째 만나는 대도시다. 조용히 혼자 숙박하며 재충전하려고 호
텔로 예약했다. 지난번 로그로뇨처럼 비싼 호텔이 아닌 작고 저렴
한 호텔로.

14일차

산 후안 데 오르테가 → 부르고스(San Juan de Ortega → Burgos) 26.3km

까마귀 고기를 먹었나?

아침에 일어나 침낭을 배낭에 넣으려는데, 이번에는 침낭 커버가 보이질 않았다. 배낭과 침낭 속은 물론 침대 주변을 샅샅이 뒤졌음에도 보이질 않았다. 도대체 침낭 커버는 누가 가져갈 것 같지도 않은데, 정말이지 귀신이 곡할 노릇이었다. 내가 이 정도로 집중력이 떨어졌나 싶어, 나 자신에게 화가 나기도 했다. 고맙게도 같은 방에 숙박했던 중년의 한국 여성께서 고무줄 머리끈 두 개를 주셔서 임시로 침낭을 고정해 배낭에 넣었다.

오늘은 볼리비아 친구 닌파, 순례길 첫날 생장에서 만났던 테레사, 이렇게 셋이 따로 또 같이 걸었다. 6km 정도 걸어 나타난 아타푸에르카(Atapuerca) 마을에서 단골 메뉴인 카페콘레체와 오렌지주스, 토르티야로 아침 식사를 했다. 아타푸에르카 마을을 지나 작은 언덕에서 이동하는 양 떼의 모습이 장관이었다.

부르고스 도착 전 점심을 먹고 싶었는데, 마땅한 곳이 보이지 않아 어쩔 수 없이 부르고스까지 걸어야 했다.

　광장에서 본 부르고스 대성당의 위용은 대단했다. 지금까지 봤던 성당들과는 차원이 달랐다. 대성당 광장에 서 있는 순례자 상은 너무 지쳐 보여 위로해주고 싶은 마음이 절로 들었다.

　예약했던 호텔 알다 엔트레아르코스(Hotel Alda Entrearcos) 룸은 정말 작았다. 그래도 부르고스 대성당과 가까웠고, 다른 사람 눈치 안 보고 푹 잘 수 있었던 것에 만족했다.

메세타 구간을 점프하기로 하다

산티아고 순례길을 걷게 되면 나의 내면을 들여다보며 많은 생각을 하게 될 줄 알았다. 그러나 순례길을 걸어본 사람이라면 알겠지만, 대부분 그렇지 못할 것이다. 내 경우는 정말 매일 딱 세 가지만 생각하면서 걸었다. 어디까지 걷지? 뭘 먹지? 어디서 자야 하지? 하지만 오늘만큼은 부르고스에서 레온까지 이어지는 메세타 구간을 걸을 것인지, 아니면 산티아고 데 콤포스텔라 도착 후 다시 대서양과 마주한 피스테라까지 걸을 것인지 걷는 내내 고민했다.

부르고스에 도착해서야 메세타 구간을 건너뛰고 산티아고 도착 후 다시 피스테라까지 걷는 걸로 결정했다. 끝없이 고독한 황무지 길이자 침묵 속에 자신을 들여다볼 수 있다는 메세타 대평원길보다는, 생장에서 산티아고까지 걸었던 길을 반추하며 걷다가 대서양 바다를 만나는 피스테라 길이 더 끌렸다.

버스 터미널이 숙소에서 멀지 않아 길도 익힐 겸 직접 가서 레온행 버스 티켓을 미리 구입했다.

오늘 함께 걸은 테레사와 닌파, 셋이서 부르고스 시내 스시 식당에서 저녁을 먹었다. 네이버 카페 '까미노의 친구들 연합'에서 괜찮다는 후기를 보고 찾은 곳인데, 사악한 수준의 가격에 반해 쌀이 제대로 익지도 않아 입안에서 굴러다녔고, 맛도 별로였다. 웬만하면 스페인에서 스시는 다시 먹지 않기로 다짐했다.

15일차

부르고스 → 레온(Burgos → Leon) 178.1km(버스)

구글 정보를 맹신해서는 안 된다

부르고스에서의 숙박은 비록 좁은 호텔 방이었지만, 오랜만에 숙면을 취했다. 8시부터 제공하는 조식을 후딱 먹고 구글에서 안내한 8시 30분 오픈 시간에 맞춰 부르고스 대성당에 도착했다. 구글에서 제공하는 정보, 특히 오픈 시간은 잘못된 정보가 제법 많다. 대성당 오픈 시간은 9시 30분이었다.

호텔로 돌아가 체크아웃을 마치고 배낭을 챙겨서 다시 나왔다. 대성당으로 가는 길에 그동안 여러 차례 같이 걸었고 벨로라도에서 신라면을 얻어먹기도 했던 경남 씨를 만났다. 카톡으로 산티아고에서 다시 보자는 문자를 남겼었는데, 직접 인사를 전할 수 있어 다행이다 싶었다.

부르고스 대성당은 순례자 여권을 보여주면 50퍼센트 할인된 5€에 입장이 가능했다. 10시 30분에 출발하는 레온행 버스를 타야 했기에 말 그대로 주마간산, 스쳐 지나가듯 둘러보고 나와야 했다. 뛰어난 건축 구조와 각종 종교화, 스테인드글라스 등 고딕 예술이 집약

된 건축물로서 유네스코 세계문화유산에도 등재된 부르고스 대성당
은 가이드 투어를 하거나, 오디오 가이드라도 들으면서 적어도 3시
간 정도는 여유롭게 둘러봐야 하는 곳인데….

전날 티켓팅을 해서 여유롭게 버스에 탑승할 수 있었다. 부르고스
에서 레온까지 소요 시간은 3시간 30분. 버스 안에서 블루투스로 노
래를 들으며 시간을 보냈다. 또 처음으로 왓츠앱(WhatsApp)을 통해
알베르게 예약도 했는데, 뭔지 모르게 뿌듯했다. 왓츠앱을 통하면 부

킹닷컴에는 나와 있지 않은 평점 높은 알베르게도 예약할 수 있다.

부르고스를 출발한 버스는 최소한 10곳 넘게 정차했고, 4시간을 훌쩍 넘겨 레온에 도착했다.

이틀을 예약한 호스텔 코벤트 가든(Hostel Covent Garden) 주인장 후안(Juan)은 아주 유쾌하고 친절했다. "안녕하세요, 감사합니다" 같은 짧은 한국어도 구사하며 친근감도 표시했다. 또 이틀 머무는 동안 여러모로 도움을 주기도 했다.

중국인이 운영하는 레온 시내 아시안 마트에서 신라면과 컵라면, 짜파게티를 구매했고, 숙소에서 가까운 까르푸 매장에서 리오하 와인과 치즈, 과일까지 샀더니 갑자기 부자가 된 것 같은 기분이 들었다. 저녁은 호스텔 주방에서 짜파게티를 끓여 먹었다. 맛이 없을 수가 없었다.

투 머치 토커 우크라이나 여성

호스텔에 도착했을 때 캐나다에 거주한다는 우크라이나 여성이 당근과 토마토가 혼합된 주스와 과일을 주셔서 무척 고맙게 먹었다. 저녁을 마친 후 다시 주방에서 만났는데, 이번에는 와인과 치즈를 가지고 와서 같이 마시자고 했다. 계속 얻어먹기 미안한 마음에 한국 전통 왕비 옷 북마크를 선물하며 이미 여러 번 써먹은 멘트인 "이걸 책에 끼우면 당신도 왕비가 되는 것"이라고 뻥을 쳤더니, 아주 좋아하며 굳이 인증샷까지 찍자고 했다.

그 우크라이나 여성분, 하고 싶은 말이 얼마나 많았겠는가. 정말이지 쉴 틈을 주지 않고 속사포처럼 이야기를 계속했다. 변변찮은 영어로 러시아와 우크라이나 전쟁, 그리고 푸틴에 대한 대화까지 이어가려니 무척이나 버거웠다. 내가 산 리오하 와인까지 세 병이 거의 다 비어갈 무렵, 때마침 미국에서 왔다는 여성이 주방으로 들어오길래 바통터치를 하고 재빨리 자리를 빠져나왔다. 하지만 알코올 과다 섭취로 그 우크라이나 여성의 이름은 기억하지 못한다.

16일차

레온(Leon)

가우디 선생! 만나서 영광입니다!

   호스텔 코벤트 가든은 위치와 시설, 친절한 주인장 등 다 좋았지만, 옥에 티도 있었다. 위치가 시내 중심이다 보니 밤늦게까지 밖에서 술과 음식을 먹는 사람들의 소음이 그대로 전달되는 것이었다. 특히 이날은 축구 경기라도 있었는지 새벽까지 구호가 이어져 숙면을 방해했다.

   아침은 전날 산 신라면을 끓여서 먹었다. 아주 행복했다.

   구글에 레온 산타마리아 대성당 평일 아침 미사 시간이 9시로 나와 있었다. 시간에 맞춰 갔지만, 성당 문은 굳게 닫혀 있어 헛걸음했다. 숙소 바로 앞에는 가우디가 설계했다는 '보티네스 저택'이 자리 잡고 있었다. 저택 앞 광장에는 자신이 만든 건축물을 바라보며 조용히 스케치하고 있는 듯한 가우디의 동상도 보였다. 가우디 선생! 만나서 영광입니다!

스페인에서 안마를 받다

숙소 가까이 있는 까르푸 매장에서 해산물 빠에야와 6개가 들어 있는 달걀 한 꾸러미를 샀다. 2개는 빠에야와 함께 계란프라이로 먹고, 나머지 4개는 삶아서 마트가 문을 닫는 주말 간식용으로 비축했다. 비록 간편식이긴 하지만 직접 프라이팬에 볶아 만든 빠에야…. 제법 맛이 괜찮았다.

부킹닷컴으로 예약할 때 보니 숙소에서 안마도 가능하다고 되어 있길래 자동안마기라도 있는 줄 알았는데, 그렇지는 않았다. 후안에게 안마 이야기를 했더니 바로 아래층에 있는 안마샵을 예약해 주겠다고 했다. 가격을 알아보니 1시간에 40€. 그래! 내가 언제 또 스페인에서 안마를 받아 보겠어. 몸도 찌뿌듯한데 까짓것 한번 받아 보지 뭐!

안마샵은 중년 남성이 운영하는 1인샵이었다. 벽에 가득한 여러 자격증으로 미루어 돌팔이는 아닌 듯했다. 아주 시원하고 개운하다고 할 수는 없었지만, 나름 괜찮았다.

오후에 부르고스에서 레온까지 버스로 도착한 닌파와 만나, 레온 산타마리아 대성당 내부 관람도 하고 레온 중심가를 둘러본 후 헤어졌다. 레온 대성당은 스페인 고딕 양식 건축물 중 걸작품으로 손꼽힌다는데, 직전에 부르고스 대성당을 보고 와서인지 그다지 큰 감동은 느껴지지 않았다.

빨래를 챙기다 보니 이번에는 발가락 양말 한쪽이 보이질 않았다. 혹시 누가 가져갔다면 양말 한쪽만 가져가지는 않았을 텐데…. 혹시 고양이가 물어가기라도 한 걸까? 가끔 뭘 하나씩 잊는 것만 빼면, 점점 순례길에 적응하고 있기는 한 것 같다.

17일차

레온 → 산 마르틴 델 까미노(Leon → San Martin del Camino) 25km

어느덧 9월에서 10월로

10월로 달이 바뀌었다. 어느덧 집을 떠난 지 3주가 지났구나…. 이렇게 길게 여행을 떠나본 적이 없었는데. 더군다나 혼자서.

레온에서 산 마르틴 델 까미노까지는 25km. 보통 하루에 걷는 평균 거리였다. 전날 일찍 잠자리에 들었기에 새벽 4시에 깨 침대에서 휴대폰으로 국내 뉴스를 검색했다. 일찍 출발하는 걸로 마음을 먹고 조심스럽게 짐을 챙겨 주방으로 나갔다. 아침 메뉴는 여전히 신라면. 레온에서 이틀 머무는 동안 짜파게티와 신라면, 컵라면까지 끓여 먹고 나니 한동안 한식이 그립지는 않을 것 같았다.

아직 어둠이 가시지 않은 6시 15분경 호스텔을 나왔다. 대도시에서 시내를 빠져나오는 순례길을 찾는 것은 여전히 쉽지 않았다. 구글 지도만 보고 따라 걷다가 순례길을 벗어나 3km 정도를 되돌아와야 했다. 구글 지도는 아주 유용하고 고맙기도 하지만 분명 한계도 있었다.

레온부터는 확실히 이전과는 다르게 길을 걷는 순례자 수도 눈에 띄게 줄었고, 한국인 순례자는 거의 만나지 못했다. 부르고스에서 레온까지 버스로 점프했으니 그동안 같이 길을 걷거나 식사를 했던 사람들은 더 이상 만날 수 없었고, 길에서 마주치는 사람도 모두 낯설었다.

아침 일찍 출발한 덕에 12시경 예약한 알베르게 라 까사 베르데 (Albergue La Casa Verde)에 도착했는데, 아직 문이 닫혀 있었다. 가까운 식당에서 샐러드와 오렌지주스로 가볍게 요기를 한 후 첫 번째로 체크인했다. 이른 시간에 알베르게에 도착한 덕분에 샤워를 마치고 손빨래 후 빨래를 건조대에 널었음에도 오후 2시. 햇살이 따가워 두툼한 울 양말까지 잘 마를 것 같았다.

Hair Cut Free 타이완 여성

아침에 출발할 때만 해도 손이 살짝 시릴 정도로 쌀쌀하더니, 낮에는 반팔 옷이 어울릴 정도로 일교차가 심했다. 오랜만에 낮잠도 한숨 자고 일어나 설렁설렁 동네를 둘러봤다. 산 마르틴 델 까미노는 작은 마을이라 다른 식당을 발견하지 못해, 점심을 먹었던 식당에서 순례자 메뉴로 저녁까지 해결했다.

토마토소스에 계란프라이가 있는 볶음밥과 버섯 스크램블, 디저트로 아이스크림까지 11€였다. 거기에 와인 한잔을 추가하니 13.5€. 별 기대를 하지 않았는데, 아주 맛있었다. 식당을 나오며 서빙 직원에게 구글 번역기를 돌려 맛있게 먹었다는 스페인어, "Comi bien!"과 함께 엄지척을 해줬더니 환한 미소로 "Gracias!"를 반복했다.

평소보다 일찍 도착한 데다가 날씨까지 화창하니 빨래가 뽀송뽀송하게 말랐다. 입이 방정이라고 말 꺼내기가 무섭지만, 아직 그 흔한 물집 한번 잡히지 않고 악명 높은 베드버그에도 물리지 않고 걷고 있는 것에 감사한 마음이 들었다. 오로지 걷고 먹고 자는 단순한

삶에 점점 적응하고 있다.

옆 침대에 자리 잡은 여성 배낭 뒤로 'Hair Cut Free'라는 팻말과 타이완 국기가 보였다. 호기심과 함께 마침 머리를 자를 때도 되었길래 오늘은 늦었으니 내일 도착하는 곳에서 머리를 자를 수 있겠냐고 물었더니, 흔쾌히 OK! 왓츠앱으로 연락처를 교환한 후 내일 아스토르가에 도착하면 연락하기로 했다.

18일차

산 마르틴 델 까미노 → 아스토르가(San Martin del Camino → Astorga) 24.8km

이번에는 안경까지 분실

산 마르틴 델 까미노 알베르게 라 까사 베르데는 순례길을 걷기 시작해 묵었던 알베르게 중 가장 작고 조용한 곳이었다. 심지어 숙박하는 사람들마저도 조용해 잠을 잘 때 심하게 코를 고는 사람조차 없었다. 2인실이 하나 있었고 2층 침대가 네 개 있는 8인실까지 모두 10명이 숙박하는 알베르게였다. 2인실 숙박비가 얼마인지는 모르겠지만, 8인실 숙박비는 11€. 숙박 인원이 풀이라고 해도 기껏해야 하루 숙박비 수입이 우리 돈으로 15만 원 정도일 테니, 알베르게 운영을 통해 큰돈을 벌기는 어려울 것 같았다.

아침 6시경 아직 잠에서 깨지 않은 사람들에게 방해되지 않도록 배낭을 밖으로 들고나와 짐을 챙겼다. 그런데 이건 또 무슨 일, 이번에는 안경이 보이질 않았다. 다시 방으로 들어가 휴대폰 플래시를 켜고 조심스럽게 침대 구석구석과 샤워장을 살펴봤고 밖으로 나와 배낭을 뒤져도 보이지 않았다. 이쯤 되면 정말이지 누가 따라다니며 뭘 하나씩 숨겨놓는 것은 아닌가, 라는 생각까지 들었다. 시야가 조금 답답하긴 하겠지만, 안경은 사지 않고 푸엔테 라 레이나에서 구입한 저렴한 선글라스로 버텨보기로 마음먹었다.

출발 전 주방에서 삶은 달걀과 바나나로 간단히 아침을 먹고 있는데, 내 머리를 잘라주기로 한 타이완 여성이 요플레에 견과류를 듬뿍 넣어 건네줬다. 머리도 잘라주기로 했는데 고맙기도 하지. 감사한 마음을 담아 왕비 의상 북마크를 선물했더니 바로 사진을 찍어 자신의 SNS에 올리며 좋아했다.

물 마시는 순례자 상

본격적으로 햇살이 내리쬐기 시작하자 제법 덥기도 했고 갈증도 심해졌다. 집시로 보이는 분이 길에 천막을 펼치고 가게를 운영하고 있었다. 무엇보다 수박이 너무 시원해 보였다. 한 조각만 먹으려 했으나 목에 착착 달라붙는 달고 시원한 맛에 두 조각을 먹었다. 얼마냐고 물었더니 "free"라고. 엥! 이건 또 무슨 상황. 가만 보니 무료라는 게 아니라 마음 가는 대로 기부해 달라는 뜻인 듯싶었다. 잠시 고민 후 동전 5€를 접시 위에 두고 일어섰다. 그 정도면 섭섭하진 않았겠지?

아스토르가 시내가 내려다보이는 언덕에 '물 마시는 순례자 상'이 보였다. 이곳을 지나가는 순례객이라면 모두 같은 포즈로 사진 한 장은 남기고 싶을 것 같았다.

1시경 알베르게 마이 웨이(Albergue My Way)에 도착했다. 예약 경쟁이 심한 인기 있는 알베르게로, 부르고스에서 레온으로 오는 버스 안에서 왓츠앱을 통해 예약한 곳이다. 깔끔하고 쾌적한 시설이 마음

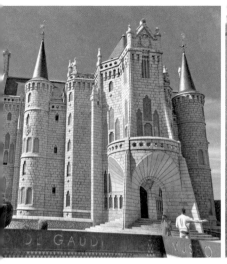

에 들었다. 평점이 높은 이유를 알 것 같았다.

샤워 후 손빨래를 해 널어두고 아스토르가 구시가지를 둘러봤다. 점심은 구시가지 중심가 카페에서 마카로니와 와인으로 했다. 디저트는 아이스크림, 아주 맛있었다.

아스토르가 대성당은 부르고스 대성당만큼은 아니지만 내 눈에는 적어도 레온 대성당보다는 멋진 외관이었다. 대성당 옆에 마치 디즈니 만화에 나오는 성 같은 건물이 보였는데, 존경하는 가우디 선생께서 설계한 순례박물관이라고 했다. 생각지도 못하게 가우디의 건축물을 만나니 괜스레 반가웠다.

대단한 70대 자유 영혼 한국인

문득 오늘 머리를 잘라주기로 했던 타이완 여성과의 약속이 생각나 연락했더니, 무슨 일인지 몰라도 저녁 7시경에나 아스토르가에 도착한다고 했다. 저녁 7시에는 알베르게에서 저녁을 먹는 걸로 예약해 두었기에, 내 머리 안 잘라줘도 되니 서두르지 말고 천천히 걸어오라고 했다. 미안하다며 순례길에서 다시 만나게 되면 그때 꼭 머리를 잘라주겠다는 대답이 왔다. (과연 타이완 여성과의 약속은 지켜질 것인가.)

7시에 시작된 순례자 메뉴. 와인과 함께 샐러드와 파스타에 이어 디저트까지 아주 깔끔했고 맛도 훌륭했다. 모두 11명이 참석했는데, 마침 앞자리에 나이 지긋한 한국 분이 계셨다. 인사를 하고 대화를 나눴는데, 70대임에도 6개월째 혼자 해외여행 중이라고 했다. 산티아고 순례길을 다 걷고 나면 바로 귀국하지 않고 따뜻한 필리핀으로 가서 여행을 이어가신다고 했다. 나는 과연 70대에 저렇게 여행할 수 있을까? 대단하기도 했지만, 부럽기 그지없었다.

19일차

아스토르가 → 폰세바돈(Astorga → Foncebadon) 25.3km

순례길 바에서 만난 태극기

아스토르가에서 폰세바돈까지 약 25km를 걷는 날이다. 거리는 길지 않지만, 마지막 3~4km 구간이 계속 오르막 지형이라 쉽지 않은 코스 중 하나라고 했다. 알베르게를 출발해 5분 거리에 있는 중심가에서 빵과 직접 짜낸 오렌지주스, 그리고 카페콘레체로 아침(빵+카페콘레체+오렌지주스는 아침 식사 표준 모델). 맛도 있었지만 모두 합해 4€였으니 가격도 착했다.

산타 카탈리나 데 소모사(Santa Catalina de Somoza) 마을을 지나는데, 알베르게를 겸한 바에 태극기가 보였다. 반가운 마음에 그냥 통과할 수가 없었다. 자리를 잡고 앉아 콜라와 크루아상을 주문했는데, 어제 같은 알베르게에서 묵었던 중국 여성이 활짝 웃으며 인사를 했다. 옆자리 여성과 중국어로 대화를 나누길래 같은 중국인이려니 했는데, 타이완 여성이라고 했다. 한국인, 중국인, 일본인을 외모만 보고 구분하기란 쉽지 않다고 했더니 그 중국 여성 왈, 한국인과 일본인은 구분하기 쉽다고. 한국인은 잘 웃는데, 일본인은 잘 웃지 않는

다나. 글쎄… 정말 그런가?

산티아고 순례길에 한국인이 많은 이유

"왜 이렇게 많은 한국 사람들이 산티아고 순례길을 걷는가?"

까미노를 하면서 외국인들로부터 가장 많이 받았던 질문이다.

산티아고 순례길을 걷는 순례자 통계를 보면 한국 순례자의 경우 아시아에서는 압도적 1위이고, 전체 국가에서도 8위를 기록하고 있다. 먼 나라 동양인들이 낯선 스페인 땅을 걷는 모습이 그들이 보기엔 신기하고 궁금할 것도 같다.

질문을 많이 받다 보니 한국인이 산티아고 순례길을 많이 걷는 이유를 나름 분석해 봤다.

첫째, 한국인들은 치열한 경쟁과 힘든 일상에서 벗어나 자신의 삶을 돌아보고 싶은 열망이 강하기 때문 아닐까 싶다. 한국에도 걷기 좋은 길이 많지만, 국내에서 온전히 자기만의 시간을 갖기란 쉽지 않다. 하지만 산티아고 순례길은 한국에서는 기대할 수 없는 공간적 격리와 긴 기간 혼자만의 고독한 시간을 제공해 준다.

둘째, 대형 서점 여행 코너에 가면 산티아고 순례길과 관련된 책이 넘쳐나고, 「스페인 하숙」이나 'god' 멤버들이 출연했던 「같이 걸을까」 등 산티아고 순례길에 관한 TV 예능 프로그램이 인기를 끌었던 것도 한몫했을 것 같다.

셋째, 비용이 많이 들지 않는다는 점도 큰 매력이 아닐까 싶다. 항공료를 제외한다면 국내 걷기 여행보다 더 저렴하며, 다른 어떤 해외 배낭여행보다도 경제적이다.

오는 길에 산티아고까지 250km 남았다는 표지석을 봤으니, 앞으로 열흘 정도 걸으면 산티아고에 도착할 수 있을 것 같다.

폰세바돈 마을에도 다른 식당이 보이질 않아, 숙박했던 알베르게 엘 콘벤토 데 폰세바돈(Albergue El Convento de Foncebadon)에서 순례자 메뉴로 저녁 식사를 했다. 파스타와 생선 필레, 아이스크림 디저트까지. 맛은 소소!

룸 침대에서는 와이파이가 연결되지 않았고, 리셉션 부근에서만 가능했다. 그마저도 속도가 너무 느려 사진 한 장 보내기도 쉽지 않았다. 전국 어디서나 와이파이가 빵빵 터지는 한국이 인터넷 강국임을 실감했다. 마을이 작아 슬슬 둘러봐도 시간이 남고 와이파이도 안 되니, 일찍 잘 수밖에.

20일차

폰세바돈 → 폰페라다(Foncebadon → Ponferrada) 26.7km

순례길 대표적 상징물 '철의 십자가'

오늘은 폰세바돈에서 폰페라다까지 약 27km. 해발 1,400m에서 400m까지 자갈돌이 많은 내리막길이라 난이도 높은 구간이다. 폰세바돈을 출발해 얼마 지나지 않아 순례길 대표적 상징물 중 하나인 '철의 십자가'를 만났다. 많은 순례자가 이곳을 지날 때 자신의 나라에서 가지고 온 돌이나 의미 있는 물건을 십자가 밑에 내려놓는다. 그렇게 마음의 고통, 번뇌, 삶의 무게 등을 이곳에 내려놓으며 간절한 마음으로 기도하는 장소이기도 하다.

김희경 작가의 책 『나의 산티아고, 혼자이면서 함께 걷는 길』 중 '죽은 남동생의 사진을 돌 틈새에 밀어 넣고 체면이고 뭐고 없이 남동생 이름을 부르며 엉엉 소리 내어 울었다.'고 했던 곳도 바로 이곳 철의 십자가였다.

종교가 있는 신앙인이나 그렇지 않은 사람 모두 철의 십자가 앞을 지날 때는 마음이 숙연해질 수밖에 없다. 많은 순례자가 자신의 나라에서 가져온 돌 하나씩을 쌓는다는데, 나까지 굳이 그럴 필요는 없을

것 같아 따로 준비하진 않았다. 대신 십자가 앞에서 가족들, 특히 어머님과 아내의 건강을 기원했다.

　마치 강원도 백두대간을 걷는 기분이었다. 특히 계속되는 내리막

길에는 자갈까지 많아, 스틱이 없었다면 많이 힘들었을 것 같다. 이어폰으로 김동률의 '출발'을 듣다 보니 가사가 산티아고 순례길과 묘하게 어울려서 여러 차례 반복해 들으며 걸었다.

아주 멀리까지 가보고 싶어 그곳에선 누구를 만날 수가 있을지
아주 높이까지 오르고 싶어 얼마나 더 먼 곳을 바라볼 수 있을지
작은 물병 하나 먼지 낀 카메라 때 묻은 지도 가방 안에 넣고서
언덕을 넘어 숲길을 헤치고 가벼운 발걸음 닿는 대로
끝없이 이어진 길을 천천히 걸어가네
멍하니 앉아서 쉬기도 하고 가끔 길을 잃어도 서두르지 않는 법
언젠가는 나도 알게 되겠지 이 길이 곧 나에게 가르쳐 줄 테니까
촉촉한 땅바닥 앞서간 발자국 처음 보는 하늘 그래도 낯익은 길
언덕을 넘어 숲길을 헤치고 가벼운 발걸음 닿는 대로
끝없이 이어진 길을 천천히 걸어가네
새로운 풍경에 가슴이 뛰고 별것 아닌 일에도 호들갑을 떨면서
나는 걸어가네 휘파람 불며 때로는 넘어져도 내 길을 걸어가네
작은 물병 하나 먼지 낀 카메라 때 묻은 지도 가방 안에 넣고서
언덕을 넘어 숲길을 헤치고 가벼운 발걸음 닿는 대로
끝없이 이어진 길을 천천히 걸어가네
내가 자라고 정든 이 거리를 난 가끔 그리워하겠지만
이렇게 나는 떠나네 더 넓은 세상으로

집 나갔던 안경이 돌아왔다

예약한 알베르게 기아나 8876(Albergue Guiana 8876)은 침대가 2층으로 되어있는 것만 빼면, 마치 호텔 같은 분위기였다. 샤워와 빨래 후 시내 식당에서 먹은 순례자 메뉴는 지금까지 먹었던 순례자 메뉴 중 손꼽을 만한 맛이었다.

뒤늦게 도착한 닌파와 함께 시내 중심에 있는 템플기사단 성을 둘러봤다. 템플기사단은 가장 용맹한 십자군이었지만, 결국 그들의 막대한 재산을 노린 프랑스 국왕 필리프 4세에 의해 비참한 최후를 맞이하게 된다. 해자로 둘러싼 견고한 성을 보자니, 외부에서 공격해 점령하기란 정말 힘들 것 같았다.

한국에서 가지고 왔던 모자가 오래되다 보니 턱끈이 삭아 자주 끊어졌다. 7€에 새 모자 하나를 득템했다. 만 원도 안 되는 착한 가격이었다. 순례길을 마칠 때까지 계속 이 모자로 버텨야 할 텐데.

숙소에서 배낭을 정리하던 중, 잃어버린 줄 알았던 안경을 발견했다. 배낭 속 침낭 칸 사이에 끼어 있었다. 마치 집 나간 며느리라도 돌아온 것처럼 무지하게 반가웠다. 늘 잃어버리기만 했는데, 이렇게 돌아오는 것도 있구나. 아니, 돌아온 게 아니라 안경은 그 자리에 있었을 텐데, 눈 어두운 내가 보지 못한 것이었다. 하물며 나도 모르는 사이에 놓치고 사는 것은 또 얼마나 많을까.

21일차

폰페라다 → 비야프란카 델 비에르소(Ponferrada → Villafranca del Bierzo) 23.6km

친절한 알베르게 피에드라 여주인

언제부터인지 하루 25km가 표준이 되었다. 25km가 넘어가면 길게, 25km가 안 되면 짧게 느껴졌다. 아침 일찍 어두운 도시에서 까미노 표시를 찾기란 쉽지 않았다. 구글 지도를 보며 걷다 길을 잘못들어 시내를 한참 가로질러 걸어야 했다. 어제 내리막 구간을 길게 걸었던 후유증 탓인지 몰라도 별로 길지 않은 코스임에도 제법 다리가 묵직하게 느껴졌다.

드디어 산티아고까지 남은 거리 첫 번째 숫자가 '1' 자로 바뀌었다. 산티아고까지 남은 거리가 줄어들 때마다 문득문득 들었던 생각…. 도대체 나는 왜 이 길이 그렇게 걷고 싶었을까? 누군가 지금 나에게 행복하냐고 묻는다면 그렇다고 대답할 수 있을까?

카카벨로스(Cacabelos) 마을에서 잠시 쉬었던 바의 메뉴에 홍합찜이 보이길래 오렌지주스와 함께 주문했다. 맛은 괜찮았지만, 그 흔한 빵 한 조각 주지 않은 것이 영 섭섭했다.

잠시 카카벨로스 성당에 들러 산티아고 데 콤포스텔라까지 무사히

완주할 수 있기를 기원했다.

카카벨로스 마을에서 비야프란카로 가는 길은 포도밭과 함께 동화 속에나 나올 법한 예쁜 시골집들이 계속 이어져 지루할 틈이 없을 정도로 다채로웠다.

비야프란카에서의 숙박은 알베르게 데 라 피에드라(Albergue de la Piedra). 알베르게에 도착했을 때, 여주인이 환한 미소와 함께 웰컴 티부터 제공해줘서 기분이 좋아졌다. 모든 침대가 1층이었고, 주방에서 조리도 가능했다. 무엇보다 손빨래해서 건네주면, 탈수는 무료로 서비스해주는 것이 순례자 입장에선 무척 고마웠다. 친절하고 아름다운 여주인 올리비아에게도 왕비옷 북마크를 선물했다. 물론, 이미 여러 번 사용했던 단골 멘트도 함께.

그녀는 아주 좋아하며 꼭 사진을 남겨야 한다고 해서 함께 찍었다. 하지만 사진을 보니 내가 더 좋아하는 표정이었다. 피에드라 알베르게는 단순히 돈이 목적이 아니라 순례자들에게 진심을 다해 봉사하는 곳이라는 느낌을 받았다.

아담하고 예쁜 마을 비야프랑카

그동안 나와 가장 오랜 시간을 걸었던 닌파에게 내일부터는 따로 걷자고 했다. 내가 계획했던 일정에 맞추려면 지금의 속도보다는 빨리 걸어야 했기 때문이었다. 닌파는 유머가 풍부하고 올드팝을 좋아하는 마음 따뜻한 여성이다. UN에서 일했던 남편으로 인해 여러 나라에서 생활했고, 지금은 이탈리아에서 살고 있다고 한다. 그냥 헤어지기가 섭섭했는지 닌파는 점심과 저녁을 자기가 직접 준비하겠다고 했다. 마트에서 산 마카로니와 파스타, 그리고 아보카도, 바게트 등으로 만든 두 끼 모두 아주 맛있었다. 길동무에게 뭔가 대접하고 싶은 그녀의 따뜻한 마음이 잘 느껴졌다. 산티아고에서 다시 만나자고는 했지만, 혹시 못 만날 수도 있다고 생각하니 나도 아쉬운 마음이 들었다.

비야프랑카는 아담하고 예쁜 마을이었다. 이틀 전 지나온 아스토르가와 함께 시간 여유만 있다면, 하루 더 숙박하면서 쉬고 싶은 곳이었다. tvN 「스페인 하숙」도 바로 이곳 비야프랑카에서 촬영했다고 한다.

닌파와 함께 마을을 둘러보고 저녁 7시 30분에 있는 미사에 참석하기 위해 성당을 찾았다. 성당 안에 신도 수도 많지 않았지만, 사제가 집전하지 않고 미리 녹음한 방송이 나오는 것으로 봐서 정식 미사는 아닌 듯했다. 마을 광장 주변 바에는 사람들이 많던데, 성당 안 신도는 소수인 걸로 미루어 유럽의 대표적인 가톨릭 국가인 스페인에서도 가톨릭의 영향력이 점점 떨어지고 있는 것은 아닐까, 라는 영양가 없는 생각도 해봤다.

22일차

비야프란카 델 비에르소 → 라 파바(Villafranca del Bierzo → La Paba) 23.4km

순례길의 '로버트 드 니로'

비야프란카에서 라 파바까지는 23.4km로 그리 길진 않지만, 마지막 3km 구간이 계속 오르막이라 쉽지 않은 코스였다. 걷기 시작해 만난 거리 표지판은 산티아고까지 남은 거리가 179.8km라고 적혀 있었는데, 조금 더 걷자 이번엔 190km가 남았다는 안내가 보였다. 남은 거리 표시가 조금 다르기는 했지만, 중요한 것은 내가 그만큼 많이 걸었고 이제 200km도 채 남지 않았다는 사실이다.

바에서 아침을 먹고 있는데, 몇 차례 같은 알베르게에서 숙박했었고 길을 걸으며 자주 만났던 하비에르(Javier)가 들어왔다. 처음 그를 볼 때부터 그런 생각을 했었는데, 그에게 미국 영화배우 로버트 드 니로의 젊은 시절과 닮았다고 말했더니 엄청 좋아했다. 이렇게 자주 만나는 것도 인연이라며 같이 사진도 찍었다. 그 뒤로 그를 만날 때마다 이름 대신 '드 니로'라고 불렀다.

라 파바로 가는 길, 오르막길을 앞두고 시냇물이 보이길래 모처럼 양말까지 벗고 발을 물에 담그는 호사를 누렸다. 아닌 게 아니라 마지막 구간 계속되는 고갯길을 올라갈 때는 너무 힘들어, 누가 시비라도 걸면 크게 한판 붙을 것 같았다.

티토와 까미, 알베르게의 천사들

옷이 땀에 푹 젖어 힘겹게 도착한 알베르게 티토스 라 파바(Tito's La Paba). 식당을 겸하고 있는 알베르게 입구에서 강산에의 노래가 들렸다. 스페인 산골짝 시골 마을에서 강산에의 노래를 듣다니 순간, 환청인가 싶었지만 '라구요'에 이어 '거꾸로 강을 거슬러 오르는 저 힘찬 연어들처럼'까지 계속 이어지는 것을 보니 분명 환청은 아니었다.

나중에 알았지만, 알베르게 주인장 티토(Tito)는 한국에서 1년 정도 살았던 인연으로 한국과 강산에의 노래를 무척 사랑하는 친구였다. 우리는 일 때문이던지, 공부하러 왔던지 한국에 온 외국인들에게 지금보다 훨씬 잘 해줘야 할 것 같다. 그래야 그들이 다시 귀국했을 때 티토처럼 한국에 대한 좋은 기억을 간직한 친한파가 되니 말이다.

체크인할 때 벽에 우리말 안내 문구가 보였다. 자세히 보니 약간 서툰 한글이었지만 '볶음밥 드세요! 가성비, 가심비 최고입니다. 라면도 함께 하면 더욱…'이었다. 'OK! 오늘 점심은 볶음밥과 라면이야!' 갑자기 입맛이 확 당기면서 바로 볶음밥과 라면을 주문했다. 잔뜩 기대했는데, 하필 라면은 다 떨어졌다고 해서 아쉬운 대로 볶음밥만 주문했다. 아주 맛있기는 했지만, 먹지 못한 라면의 잔상은 계속 머리에 남았다.

문제는 그다음에 발생했다. 점심을 먹은 후 맥주를 주문해 마시며 휴식을 취할 때까지도 택배로 보낸 배낭이 도착하지 않았다. 택배업체에 전화했지만, 스페인어로 대답해 알아들을 수가 없었다. 알베르게 여직원에게 대신 통화를 부탁했더니 조금 늦어진다는 택배업체의 대답이었다. 보통 늦어도 오후 1시 전에는 도착하는데, 3시가 넘어도 도착하지 않아서 다시 한번 직원에게 확인 전화를 부탁했다. 4시가 넘어도 도착하지 않자 알베르게 여직원은 마치 자기 일처럼 걱정하며 수시로 확인 전화를 했다.

배낭이 도착하지 않으니 샤워는 물론 땀에 전 옷을 갈아입을 수도 없었다. 문득 배낭이 분실돼 찾지 못하는 최악의 상황이 떠올랐다. 배낭과 침낭, 옷을 포함해 다른 것들은 다시 사면 된다지만, 매일 복용해야 하는 약이 배낭에 들어있는 것이 가장 큰 문제였다. 아직 일정이 많이 남았는데…. 만약 배낭을 찾지 못하면 남은 일정을 중단하고 그만 귀국해야 하는 건가?

알베르게 주인장 티토까지 나서서 여기저기 수소문해서야 드디어 내 배낭의 행방을 확인할 수 있었다. 누군가 5□를 넣어둔 택배 봉투를 잘라 가버려 갈 곳을 잃은 배낭이 아직 어제 묵었던 알베르게에 있다고 했다. 가끔 배낭이 다른 곳으로 배달되어 늦게 도착하는 경우

는 있지만, 티토도 이런 경우는 처음 봤다고 했다. 어쨌든 배낭은 택시로 전달받을 수밖에 없다는데, 40~50€ 정도의 비용이 발생한다고 했다. 황당하기 짝이 없는 상황이었지만, 그렇다고 배낭 없이 계속 걸을 수도 없기에 그렇게라도 보내달라고 했다.

바로 그 순간 천사가 등장했다. 주인공은 티토!

내일 폰페라다에 가서 이것저것 장을 볼 예정이었는데, 오늘 가겠다고 했다. 필요한 것들을 사서 돌아오는 길에 비야프란카에 있는 알베르게에 들러 배낭을 가져다줄 테니 걱정하지 말라고 했다. 또 알베르게 여직원은 샤워부터 하라며 대형 수건과 물비누를 건네줬다. 둘다 너무나 고마웠다. 일단 배낭의 행방을 확인했으니, 한시름 돌리고 느긋하게 샤워 후 맥주를 마시며 휴식을 취했다.

작은 마을이다 보니 다른 식당이 없어 공립 알베르게에서 숙박하는 순례자들도 이곳으로 와 저녁을 먹는 분이 많은 것 같았다. 마침 아스토르가 알베르게에서 저녁을 함께했던 자유로운 영혼 70대 형님(처음에는 어르신이라고 했는데 많이 불편해하셔서, 다음부터는 형님으로 불렀다.)께서 오셨길래 식사를 같이했다.

식사가 마무리될 때쯤 자동차 소리가 들리며 티토가 환한 미소와 함께 내 배낭을 들고 식당으로 들어왔다. 너무나 고마워 격한 허그로 감사함을 표시했다. 한눈에 봐도 무슨 상황인지 알 수 있었던지 식사를 하던 20여 명이 박수갈채를 보내줬다.

배낭에서 북마크 두 개를 꺼내 티토와 여직원에게 선물했고, 티토에게는 출국할 때 선물 받았던 미역국밥도 건네줬다.

출국하면서 한국 전통 북마크 20개를 준비했었다. 무게도 별로 나가지 않는데 이렇게 유용하게 쓰일 줄 알았으면 여유 있게 가져올 걸, 후회가 밀려왔다. 센스 만점 티토는 선물 받은 북마크를 카운터 잘 보이는 곳에 바로 부착했다. 이번에는 '십장생' 북마크에 대한 썰. 그걸 책 사이에 끼워두면 적어도 100살까진 건강하게 살 수 있을 거라고 했다.

저녁 식사비용을 계산하려는데, 티토가 한국산 깻잎 통조림을 선물했다. 아니 내가 너에게 선물을 해야지 왜 네가 나에게 선물을 하냐고 말은 했지만, 그 마음이 너무 고마워 그냥 받았다. 깻잎 통조림은 식당 밖에서 모든 상황을 흐뭇하게 바라보던 자유 영혼 70대 형님께 드렸다.

다시 살아 돌아온 배낭에서 옷을 꺼내 갈아입고 바람을 쐬려고 밖으로 나왔다. 배낭을 분실한 줄 알았을 때, 마치 자기 일처럼 걱정해줬던 알베르게 여직원이 탁자에 혼자 앉아있길래 주머니 속 작은 초콜릿 몇 개를 전해줬다. 그 여성이 고맙다며 마시고 있던 마테차를 따라주면서 자연스럽게 대화를 나누게 되었다. 자신의 이름은 까미

(Camy)이고 스페인이 아니라 아르헨티나 출신이라고 했다. 나도 아르헨티나 사람을 몇 명 알고 있다고 했더니 궁금해하면서 누굴 아냐고 물었다. 리오넬 메시, 메르세데스 소사, 체 게바라, 거기에 디에고 마라도나까지 추가했다.

휴대폰에 'Gracias A La Vida' 등 아르헨티나 출신의 전설적인 가수 소사의 노래도 몇 곡 저장하고 있다고 했더니 깜짝 놀라며 같이 듣자고 했다. 소사가 군부 독재정권과 미국의 억압에 저항하는 남미 민중음악 누에바 칸시온(Nueva Cancion)을 이끌다 조국에서 추방당하는 등 심한 고초를 겪었다는 정도는 알고 있다고 했더니, 더 놀라는 표정이었다. 먼 나라 동양인으로부터 자신의 나라 이야기를 듣게 될 줄은 전혀 생각하지 못했다면서 감사하다는 말도 여러 번 했다. (귀국 후 아르헨티나가 월드컵에서 우승했을 때 까미에게 축하한다고 연락했더니 무척 고마워했다.)

배낭 때문에 멘붕이 왔지만, 마음 따뜻하고 친절한 천사들로 인해 해피엔딩으로 마무리된, 잊을 수 없는 하루였다.

23일차

라 파바 → 트리아카스텔라(La Paba → Triacastela) 26.0km

갈리시아 지역에 들어서다

라 파바에서 트리아카스텔라까지 26km 구간 역시 600m부터 1,300m까지 고저 차가 제법 심한 구간이다.

까미노 프랑스길을 걸으면 모두 4개의 스페인 자치 지방을 지나게 된다. 나바라(Navarra), 라 리오하(Ra Rioja), 카스티야 이 레온(Castilla Y Leon), 마지막으로 갈리시아(Galicia)까지.

라 파바를 출발해 조금 걷다 보니 갈리시아 지방에 들어섰다는 표지석이 보였다. 갈리시아에 들어서고 난 후에는 산티아고까지 남은 거리를 알려주는 표지석을 넘치도록 자주 볼 수 있다.

스페인은 다른 유럽 선진국에 비해 국민소득이 조금 낮은 편이다. 하지만 하늘과 맞닿은 지평선 위에 밀과 포도가 넘치도록 풍성하게 자라고, 태양이 강하게 내리쬐면 하던 일을 멈추고 낮잠을 자거나 쉴 수 있는 여유가 있다. 1인당 GDP가 높다고 반드시 선진국이 아님을 스페인은 말해주는 것 같았다.

스페인의 낮잠 문화로 시에스타(siesta)가 있다. 보통 오후 2시부

터 4시까지 식당이나 상점은 물론 관공서까지 문을 닫고 낮잠을 즐긴다고 한다. 배고픈 상태로 식당을 찾았을 때 시에스타 타임을 만나면 솔직히 짜증스럽기도 했지만, 점점 그러려니 하고 익숙해졌다.

한참을 걷다 보니 바람에 날아갈까 한 손에 모자를 눌러 쓴 당당한 모습의 야고보 사도 동상이 보였다. 멀리 구름이 발아래로 보이는 것을 보면서 상당히 높은 지역을 걷고 있음을 실감할 수 있었다. 이제 산티아고까지 140km도 채 남지 않았다.

트리아카스텔라 알베르게 아트리오(Albergue Atrio) 도착 후 세탁기에 돌려 탈수해 널었던 빨래는 워낙 강한 스페인의 태양 덕분에 3시간도 안 되어 두꺼운 올 양말까지 뽀송뽀송하게 말랐다. 알베르게에서 만난 한국인이 추천해 준 갈리시아 요리 전문식당의 순례자 메뉴는 아주 훌륭했다. 오랜만에 격식을 갖춘 서빙에 한국어로 된 메뉴판까지⋯. 주문했던 해산물 파에야와 연어구이 모두 맛도 뛰어났다. 스페인 입국 후 처음으로 서빙 직원에게 팁도 줬다.

금요일이니만큼 마트에서 토요일 아침에 먹을 음식과 주말에 대비한 간식을 준비했다. (이제 금요일이면 마트가 문을 닫는 주말에 대비하는 일이 익숙해졌다.) 알베르게로 돌아와 뒤늦게 몸을 씻으러 샤워장에 갔는데, 입구에 미리 와 있던 외국 여성이 남성용은 다른 층에 있다고 알려줬다. 그동안 샤워장이 남녀 구분 없는 알베르게가 많았기에 아무 생각 없이 갔던 것인데, 옷을 벗고 샤워까지 하다가 다른 여성이 들어왔다면 꼼짝없이 치한으로 몰릴 뻔했다.

24일차

트리아카스텔라 → 사리아(Triacastela → Sarria) 25.5km

Km 138,514

Km 131,242

Por SAMOS
19,73 Km.

Por SAN XIL
12,53 Km.

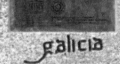

안개 자욱한 사모스 코스를 걷다

알베르게 주방 전자레인지에 돌린 2분 간편 스파게티와 복숭아 1개, 어제 마트에서 사서 삶아놓은 달걀 2개까지 나름 푸짐한 아침을 먹고 7시경 사리아를 향해 출발했다.

마을을 빠져나오자 사리아로 가는 갈림길이 나타났다. 왼쪽 사모스(Samos) 코스는 19.7km, 오른쪽 산실(San Xil) 코스는 12.5km. 스페인에서 가장 오래된 수도원 중 하나인 베네딕트 수도원을 만날 수 있는 사모스 코스를 선택하면 7.2km를 더 걸어야 했다.

많은 순례자가 갈림길에 서서 갈등하는 것 같았다. 이제는 굳이 목적지에 빨리 도착하고 싶지도 않았고, 부르고스에서 레온까지 메세타 구간을 버스로 점프한 부채 의식도 있었기에 멀지만 사모스 코스를 선택했다.

안개가 자욱한 풍경은 몽환적인 분위기를 연출했다. 짙은 안개로 거의 9시가 지나서야 날이 밝아졌는데, 휴대폰 손전등이 없었으면 길을 찾기 어려울 뻔했다. 이른 아침 안개 자욱한 길을 홀로 걷는 것도 신선한 경험이었다.

어느덧 집을 떠나온 지 한 달 가까운 시간이 흘렀다. 순례길을 걷기 시작해 처음에는 모든 것이 낯선 여행자였다면, 이제는 익숙해져 원래부터 방랑 생활을 해온 순례자가 된 것 같은 기분이 들었다. 여기까지 별 탈 없이 걷게 해준 허리와 무릎, 그리고 발에게 고맙고 대견하다고 말해줬다. 남은 길, 산티아고까지 무사히 완주하고 귀국하게 되면 지금보다는 조금 더 천천히, 조금 더 길게 삶을 바라보는 여유로움을 가질 수 있기를 바랐다.

많은 순례자가 거리가 짧은 산실 코스를 선택했는지, 한동안 길을 걷는 순례자를 만나기 힘들었다.

사리아에서 과음하다

사리아 알베르게 안다이나(Albergue Andaina)는 침대가 캡슐 형태이고 커튼까지 있어 아늑했다. 주방도 넓고 깔끔했다.

사리아 구도심을 천천히 둘러봤다. 지나가던 스페인 단체순례자가 태극기 앞에서 사진을 찍고 있는 내 모습을 보고는 "무쵸무쵸 코레아노!"라고 외치며 지나갔다.

한국인들로만 같은 방에서 묵었던 아예기 공립 알베르게에서 처음 만났고 레온에서도 잠시 봤던 은석 씨와 선영 씨를 우연히 길에서 만났다. 반가운 마음에 저녁을 같이 먹기로 약속했는데, 마침 같은 알베르게에 투숙 중인 자유 영혼 70대 형님까지 합석하셨다. 그렇게 넷이서 와인과 함께 갈리시아 특산물이라고 할 수 있는 뿔뽀(문어) 요리와 가리비 등으로 모처럼 푸짐한 만찬을 즐겼다. 맛은 있었지만, 나는 왜 초장에 찍어 먹는 동해안 문어가 생각났을까?

이대로 헤어지긴 아쉽다고 해서 일행이 묵고 있는 공립 알베르게로 자리를 옮겨 2차전을 펼쳤다. 6개월째 홀로 해외여행을 이어가고 계신 70대 형님의 다양한 경험담. 다니던 직장에 사표를 던지고 새 직장을 구하기 전 순례길을 걷고 싶었다는 은석 씨와 선영 씨의 사연. 생장을 출발해 이곳 사리아에 도착하기까지 각자 겪었던 기억에 남는 에피소드들이 늦도록 이어졌다.

저녁을 먹으며 마신 와인으로 이미 알딸딸했지만, 마트에서 사 간 리오하 와인 두 병까지 비우며 기분 좋게 취했다. 까미노를 걷기 시작한 이후 가장 많은 와인을 마신 날이 아닐까 싶다.

25일차

사리아 → 포르토마린(Sarria → Portomarin) 22.3km

산티아고까지 이제 100km

전날 오랜만에 과음했더니 아침에 해장국 생각이 간절했다. 와인을 그렇게 많이 마실 줄 알았으면 라면이라도 사둘걸.

사리아에서 포르토마린까지는 22.3km. 이제 25km 미만이면 가볍게 느껴진다.

목장의 말 한 마리가 길 쪽으로 얼굴을 내밀고 있었다. 온순해 보여 살짝 만져줘도 괜찮을 것 같았다. 사진을 찍어달라고 부탁드렸던 남미분, 내가 말 콧잔등을 쓰다듬으니 깜짝 놀라 뒤로 물러서며 조심하라고 비명을 질렀다.

바에서 잠시 쉴 때 아스토르가 알베르게 저녁 식사 자리에서 처음 만났고, 그 뒤로도 여러 차례 같은 알베르게에서 숙박했던 덴마크 훈남 마쿠스(Markus)를 만났다. 알베르게에서 볼 때마다 메모장에 기록을 남기고, 여자친구와 속삭이듯 통화를 하는 모습이 인상적이던 친구였다. 함께 카페콘레체와 크루아상을 먹으며 그의 결혼관에 대해 제법 많은 대화를 나눴다. 여자친구와 오래 사귀고 있지만, 아직 결혼은 하고 싶지 않다는 그의 마음을 조금은 이해할 수 있을 것 같았다. 자신이 순례길을 걸으며 휴대폰으로 찍었다는 사진도 보여줬는데, 오! 흔히 볼 수 있는 사진이 아니라 전문가 수준이었다. 몇 장 보내줄 수 있냐고 했더니, 그 자리에서 바로 전송해 줬다.

다시 걷기 시작해 얼마 지나지 않아 산티아고까지 100km가 남았다는 표지석이 보였다. 사리아에서 출발한 사람들이야 별 느낌이 없을 수도 있겠지만, 산티아고를 향해 오랜 시간 걸어온 순례자라면 특별한 마음이 들 수밖에 없다.

photo by Markus

너무도 착한 스페인 지방 도시 물가

길을 걷던 중 이번에는 순례길에서 좀처럼 만나기 힘든 중국 순례자 쓰잉과 만났다. 아스토르가 알베르게에서 처음 만났을 때 한국인으로 알고 한국말로 인사를 했더니, 어깨를 으쓱하며 난감해하던 표정이 떠올랐다. 자연스럽게 같이 걸으며 대화를 나눴다. 20대 초반으로 보인다고 했더니 30대 초반이라고. 지난해 영국에서 1년 유학했고 순례길을 마치고 나면 스코틀랜드로 가서 마무리 여행을 즐기겠다고 했다. 한국에도 관심이 많아 아주 간단한 한국말은 할 줄 알았다. 장난삼아 나는 중국어로, 쓰잉은 한국어로만 대화해보자고 했는데, 오래전 배웠던 중국어가 거의 기억에서 증발해버려 망신만 당했다.

산티아고 데 콤포스텔라에서 순례길 완주 증명서를 받기 위해서는 최소한 100km 이상을 걸었다는 증빙이 필요하다. 사리아에서 산티아고까지의 거리가 115km이다 보니 많은 사람이 사리아부터 걷기 시작한다. 확실히 어제까지와는 다르게 그동안 조용하던 순례길

이 갑자기 번잡해진 느낌이 들었다. 다른 것이야 그렇다 치더라도 바에서 음식을 주문할 때와 화장실을 이용할 때 길게 줄을 서야 하는 것은 불편했다.

포르토마린은 댐 건설로 수몰된 집들을 언덕 위로 이주시켜 새롭게 조성한 도시다. 알베르게 펜시온 마누엘(Albergue Pension Manuel)에 체크인을 마치고 잠시 돌아본 포르토마린 중심가에는 식당에서 식사하는 순례자와 미처 숙소를 구하지 못한 순례자들로 인산인해를 이루고 있었다. 모든 숙소가 풀이다 보니 결국 자치단체에서 나서서 공공체육관에 매트를 깔고 순례자들을 수용한다고 했다. 체육관 입구 쪽으로는 이미 긴 줄이 이어져 있었다.

저녁은 알베르게에서 쓰잉이 만든 스파게티를 같이 먹었다. 고맙고 미안한 마음에 디저트는 내가 사기로 하고 가까운 카페에서 카페 콘레체와 추로스를 주문했다. 맛도 있었지만, 가격이 단돈 2.3€. 우리 돈으로 3,100원 정도이니, 스페인 지방 도시 물가는 착해도 너무 착하다.

26일차

포르토마린 → 팔라스 데 레이(Portomarin → Palas de Rei) 24.8km

비를 맞으며 길을 걷다

새벽에 창문을 다다닥 두드리는 빗소리가 들렸다. 오늘 걸어야 할 거리는 약 25km로 딱 표준 거리! 어제 디저트를 맛있게 먹었던 카페가 아침 일찍 문을 연다고 해서 다시 들러 샌드위치와 카페콘레체로 아침을 먹었다.

아직 어둠이 채 가시지 않은 7시 30분경, 가랑비가 살짝 내리는 가운데 출발했다. 걷기 시작해서 한 시간 정도가 지나자 가랑비는 강한 비로 바뀌었다. 생장피에드포르에서 출발해 피레네 산을 넘을 때 딱 한 번 사용했던 판초 우의를 거의 한 달 만에 다시 꺼냈다. 비가 내리는데도 순례길을 걷는 사람들은 많았다. 휴식 겸 요기를 위해 들른 카페에서도 길게 늘어선 줄로 인해 주문하는 데만 너무 오랜 시간이 걸렸다. 마치 단풍철 설악산이나 내장산 산장 같은 분위기라고 할까.

카페에서 은석 씨와 선영 씨를 다시 만나 팔라스 데 레이까지 같이 걸었다. 비가 추적추적 내리니 빠르게 걷기도 어려워 무겁고 느린 걸음으로 걸었다.

　까미노를 시작하면 처음에는 여러모로 낯설고 불편하다. 남녀 구분 없는 낯선 알베르게. 전 세계에서 온 많은 순례자가 합창하듯 코를 고는 사이에서 자야 하고, 매일 씻고 빨래하는 것까지 어느 것 하나 편한 게 없다. 음식이 입에 맞지 않을 때도 있고…. 그럼에도 불구하고 산티아고 순례길을 다녀온 많은 사람이 산티아고 순례길을 그리워하며 다시 가고 싶어 한다는 이른바 '까미노 블루(Camino Blue)'를 앓는다고 한다. 과연 나도 순례길을 완주하고 나면 까미노 블루에 시달리게 될까? 산티아고 순례길은 참 묘한 길이기도 한 것 같다.

알베르게의 황당한 조치와 전화위복

오후 2시경 전화로 예약한 알베르게 펜시온 산 마르코스(Albergue Pension San Marcos)에 도착했다. 하지만 내가 너무 늦게 와서 이미 침대 자리가 없다고 했다. 예약했는데 그렇게 일방적으로 취소하는 법이 어디 있냐고 따져 물었더니, 여기저기 전화를 해보고는 다른 알베르게로 연결해 줬다. 그것도 엄청 생색을 내면서. 나 원 참….

어쩔 수 없이 밀려서 갔던 알베르게 발린 라마(Albergue Valin Lama)에 도착하니 마침 은석 씨와 선영 씨가 숙박하고 있었다. 함께 마트에 들러 와인·빠에야·치즈·계란·과일 등을 사 온 후, 주방에서 간단하게 조리해 파티(?)를 벌였다. 평소 집에서는 라면 끓이는 것 말고는 별로 할 줄 아는 게 없는데, 이곳 알베르게에서는 간단하나마 내가 주방을 담당했다. 까미노는 많은 것을 변하게 만든다. 일방적인 예약 취소가 황당하긴 했지만, 알베르게가 바뀐 것이 오히려 고맙게 느껴졌다.

27일차

팔라스 델 레이 → 아르수아(Palas de Rei → Arzua) 29.2km

술을 부르는 맛 뽈뽀 요리

팔라스 데 레이에서 아르수아까지는 29.2km로 다소 긴 구간이다. 전날에 이어 은석 씨와 선영 씨, 셋이서 따로 또 같이 걸었다. 길을 걷다 보니 당당히 자기 배낭을 메고 주인과 함께 순례길을 걷는 강아지 순례자도 보였다. 붙임성도 좋아 순례객들의 인기를 독차지했다.

팔라스 데 레이와 아르수아 중간쯤 있는 마을 멜리데(Melide)는 문어 요리로 유명한 곳이다. 선영 씨가 미리 찜해둔 문어 전문식당 가르나차(Garnacha)의 뽈뽀 요리는 아주 훌륭했다. (술을 부르는 맛!) 사리아에서 먹었던 문어보다 적어도 두 배는 더! 특히 같이 주문했던 고추볶음이 문어 요리와도 아주 잘 어울렸다.

10월이 중순으로 접어들었음에도 한낮 기온은 27도까지 올라 오후에 걸을 때는 제법 땀을 흘렸다.

까미노를 하는 한국인은 최소한 시간만큼은 넉넉한 시간 부자라고 할 수 있겠다. 현직에 있는 직장인이라면 한 달 이상 소요되는 긴 시간을 내어 순례길을 걷기란 거의 불가능하다. 그러다 보니 다니던 직장을 그만두고 새로운 직장을 찾기 전이나 퇴직 후 자신을 돌아보기 위해 오는 사람들이 많은 것 같다.

순례길을 완주하기 위해서는 자신만의 속도로 걷는 것이 무엇보다 중요하다. 또 모든 것이 낯설고 매일 매일이 새롭다. 처음 가보는 장소, 처음 만나는 사람, 처음 먹어보는 요리⋯. 내 인생에서 이렇게 특별한 순간이 또 있을까.

점점 진화하는 요리(?) 실력

아르수아 알베르게 로스 트레스 아베토스(Albergue Los Tres Abetos) 도착 후에는 마트에서 구입한 와인·치즈·과일·볶음밥·마카로니·피클·계란 등으로 셋이서 푸짐한 만찬을 즐겼다. 이번에도 주방은 내 담당! 비록 간편식이나마 점점 요리(?) 실력이 늘고 있는 것 같다. 반주로 와인 2병에 맥주 6캔까지 곁들여 마신 것은 안 비밀!

이제 산티아고 데 콤포스텔라까지 40km도 채 남지 않았다. 순례길을 걷기 시작할 때만 해도 산티아고까지 남은 거리가 줄어들 때마다 은근히 쾌감도 느껴졌는데, 200km가 남은 순간부터 쾌감보다는 아쉬움이 더 커졌다. 특히 100km 지점을 통과한 후에는 빨리 걷고 싶은 마음조차 사라져 점점 줄어드는 남은 거리 표지석이 쳐다보기도 싫어졌다. 왜일까? 산티아고에 도착하게 되면 내 인생에서 가장 특별하고 비현실적인 시간이 끝나고 다시 평범한 일상으로 돌아가야 한다는 생각 때문인지도 모르겠다.

28일차

아르수아 → 오 페드로우소(Arzua → O Pedrouzo) 19.2km

신대륙 발견기념일 유감

오늘은 아르수아에서 오 페드로우소까지 19.2km의 짧은 구간이
다. 내일 산티아고 데 콤포스텔라 도착을 앞두고 일찍 여장을 풀고
푹 쉬고 싶었다.

아침은 알베르게 주변 바에서 나의 순례길 시그니처 조식 메뉴(카
페콘레체+빵+오렌지주스)로 했다.

오 페드로우소로 가는 길은 그동안 걷느라 고생했다고 멋진 경관
을 선물해주는 것 같았다. 유칼립투스 숲길로 그늘이 넉넉했고, 평화
로워 보이는 목초지와 예쁜 농촌 풍경이 이어졌다.

오 페드로우소 알베르게 포르타 데 산티아고(Albergue Porta de
Santiago) 오픈 시간인 12시 30분에 도착해 가장 먼저 입실한 것까진
좋았는데, 또 배낭이 도착하지 않았다. 무엇보다 샤워와 빨래를 못
해 답답했다. 이러다가 배낭 노이로제라도 생길 것 같다. 알베르게
주인에게 택배업체로 전화 확인을 부탁했는데, 그 덕분인지 몰라도
배낭은 곧 도착했다.

　10월 12일은 콜럼버스가 아메리카 대륙을 발견한 날로 스페인의 국경일(신대륙 발견기념일)이라고 한다. 원주민들이 이미 그곳에서 잘 살고 있었는데 발견이라니, 말도 안 되는 서구 중심적 표현이다. 그 래서 수요일임에도 모든 마트가 문을 닫았다.

사람은 쉽게 변하지 않는다

알베르게 앞 식당에서 이른 저녁을 먹으려고 자리를 잡았지만, 30분이 지나도록 주문조차 할 수 없었다. 손님이 많기도 했지만, 서빙하는 직원과 눈을 맞추려 해도, 손을 들어도 어찌 그리 용케 시선을 피해 가던지…. (아마도 바쁜데 혼자 온 동양인이 별로 달갑지 않았던 듯 싶었다.)

한국이었다면 버럭! 하고 그냥 나왔겠지만, 여기는 스페인이고 공휴일이라 문을 연 식당도 많지 않은 상황이다. 나가서 다른 식당에 가더라도 별반 다르지 않을 것 같았다. 속이 부글부글 끓어 올랐지만, 꾹 참고 기다려 겨우 주문해 먹을 수 있었다. 그간 한 달이 다 되어가도록 제법 긴 시간을 걸으며 나를 돌아보기도 했는데, 나는 아직도 작은 일에 쉽게 조바심하고 성급하고 발끈하곤 한다. 사람의 성격이 바뀌기란 정말 쉽지 않은 것 같다.

오후 3시경에 탈수해 널어둔 빨래가 식사를 마치고 돌아온 6시경에는 바짝 잘 말라 있었다. 스페인의 햇살이 강렬함을 새삼 확인했다. 내 급한 성질머리도 스페인의 햇살에 널어 말리면 바짝 마를까.

가만 생각해 보니, 순례길을 걸으며 행복한 순간이 참 많았다. 하지만 그 순간 행복하다고 느끼기보다는 지나고 나서 행복이었음을 깨달았던 경우가 훨씬 많았다. 살아가면서 행복을 그 순간에 바로 감지할 수 있다면 인생은 훨씬 풍요로워질 것 같은데 말이다. 모든 일정을 마치고 귀국하면 작은 일에도 즉각 행복을 느낄 수 있는 사람으로 변할 수 있을까? 오늘의 내 모습을 보면 여전히 회의적이다.

내일은 드디어 순례길의 목적지 산티아고 데 콤포스텔라에 도착하는 날이다. 그래서 모처럼 직접 배낭을 메고 갈 생각이다. 산티아고에 입성하면서 괴나리봇짐 같은 작은 백을 메고 가는 것은 너무 모양이 빠져 보일 것 같았기에.

과연 내일 산티아고 데 콤포스텔라 대성당 앞에 도착하면 어떤 기분이 들까? 많은 순례자가 산티아고 대성당 앞에서 펑펑 눈물을 쏟는다던데…. 나도 울컥할까? 그것이 정말 궁금하다!

29일차

오 페드로우소 → 산티아고 데 콤포스텔라(O Pedrouzo → Santiago de Compostela) 19.3km

헤드 랜턴을 비치며 가는 순례자 뒤를 따라

드디어 순례길의 목적지 '산티아고 데 콤포스텔라'에 도착하는 역사적인(?) 날이다. 자전거로 순례 중인 앞 침대 독일 어르신 두 분이 새벽 5시부터 여장을 챙겼다. 본인들은 나름 조심스럽게 준비하려는 것 같은데, 아무래도 몸이 마음처럼 따라주지 않아서 소음이 제법 발생했다. 덕분에 잠에서 깼는데 다시 잠이 올 것 같지도 않아 나도 일찍 출발하기도 마음먹었다.

헤드 랜턴은 따로 준비하지 않았기에 휴대폰 손전등을 이용해 걷다가 헤드 랜턴을 비치며 가는 순례자 뒤를 바짝 따라 걸었다.

아침을 먹었던 바의 벽에 부착된 순례길 지도를 보니 감회가 새로웠다. 내가 저렇게 긴 거리를 걸어와 이제 산티아고 데 콤포스텔라를 코앞에 두고 있구나….

산티아고에 가까워지면서 안개비가 내리는 듯 마는 듯했고, 남은 거리가 점점 줄어들 때마다 기분은 묘해졌다. 며칠 전 트리아카스텔라에 도착했을 때 같은 알베르게에서 숙박했던 미국 여성 가브리엘

(Gabriel)과 만나 이런저런 이야기를 나누며 같이 걸었다. 그녀는 한국에 관심이 많았고, 나중에 기회가 된다면 한국에서 영어 교사로 일하고 싶다고 했다.

몬테 도 고조 언덕의 제주 올레 조형물

산티아고 도착 직전 몬테 도 고조(Monte do Gozo) 언덕에 있는 '제주 올레 조형물'에는 꼭 들러야 했다. 순례길에서 살짝 벗어나 있는 것이 조금 아쉽긴 했지만, 먼 이국 스페인 땅에서 제주 올레 조형물을 만나니 무척 반가웠다. 조만간 제주올레 1코스 성산 일출봉 부근에 산티아고 순례길의 상징인 조가비 조형물도 세워진다고 한다. (귀국 후 확인해 보니 성산 일출봉 부근에 이미 조가비 조형물이 만들어져 있었다.)

그렇게 되면 제주 올레길을 걷는 올레꾼은 첫 코스에서 산티아고 순례길 상징물을, 산티아고 순례길을 걷는 순례자는 마지막 산티아고 도착을 앞두고 제주올레 상징물을 만날 수 있게 되는 것이다. 또 산티아고 순례길과 제주 올레길을 모두 걸은 사람에게는 공동완주증과 메달을 주는 '공동완주 인증제도'까지 시행된다고 한다. 일찍이 산티아고 순례길을 걷고 와, 제주에 올레길을 만들고 국내에 산티아고 순례길을 널리 알리는 데 큰 공헌을 한 서명숙 제주올레 이사장을 비롯한 관계자 여러분 정말 수고 많으셨다.

발아래로 산티아고 시내가 보이기에 순례자들로부터 '환희의 언덕'
으로 불리는 몬테 도 고조 언덕 순례자 상 앞에서 인증샷도 남겼다.

마침내 산티아고 데 콤포스텔라 도착!

산티아고 시내로 진입하자 저 멀리 대성당 탑 모습이 어렴풋이 보이기 시작하면서, 나도 모르게 가슴이 뛰기 시작했다. 백파이프 버스킹 연주 'Amazing Grace'가 들리며 드디어, 마침내, finally, 산티아고 데 콤포스텔라 대성당 광장에 도착했다.

혼자 도착했으면 조금은 쓸쓸할 것 같았는데, 일찍 도착해있던 은석 씨와 선영 씨가 멋진 이벤트로 환영과 축하를 해줬다. 코끝이 살짝 찡하긴 했지만, 나이가 들면서 감정이 메말랐는지 눈물은 나오지 않았다.

순례자 사무실로 가서 완주 인증서도 받았다. (아이고~ 이게 또 뭐라고 어릴 적 상이라도 받은 것처럼 기뻤다!)

산티아고에서의 숙박은 대성당과 가까운 작은 호텔 바달라다(Badalada)로 이틀을 예약했다. 호텔 체크인 후 다시 대성당 앞 광장으로 가서 속속 도착하는 각양각색의 순례자들을 시간 가는 줄 모르고 바라봤다. 대성당 광장에서 하염없이 눈물을 흘리는 순례자가

있는가 하면, 뜨거운 포옹과 키스를 나누는 연인이나 부부도 있었
다. 일행과 함께 온 순례자들은 손에 손잡고 한바탕 춤을 추기도 하
고, 광장 바닥에 드러누워 오래도록 대성당을 바라보는 순례자도 있
었다.

산티아고 대성당 향로미사

저녁 7시 30분 산티아고 대성당 '순례자를 위한 미사'에 참석했다. 한마디도 알아듣진 못했지만, 뭔가 표현하기 어려운 감동이 느껴졌다. 말로만 듣던 향로 퍼포먼스도 직접 볼 수 있었다. 미사가 끝나갈 무렵 커다란 향로를 흔들어 연기를 내뿜는 의식이다. 오래전 먼 길을 걸어온 순례자들의 땀 냄새와 악취가 성당에 스미는 것을 방지할 목적으로 시작되었고, 향 연기를 통해 소독과 함께 순례자들에게 축복을 내리는 의미도 담고 있다고 한다. 나는 허리 디스크로 주변의 많은 걱정을 안고 출발했으나, 무탈하게 산티아고에 도착한 것에 감사했다.

미사를 마치고 산티아고에 함께 입성한 가브리엘과 시내에 위치한 중식당 후이 키친(Hui Kitchen)에서 저녁을 같이 먹기로 했다. 식당에 도착하니 중국 친구 쓰잉이 자리 잡고 있었다. 합석해 식사를 함께 했는데, 쓰잉이 베드버그에 물린 것 같다며 물린 부위를 보여줬다. 나는 순례길을 걸으면서 한 번도 물리지 않았을뿐더러 주변에서 물렸다는 사람조차 본 적도 없었는데… 베드버그가 없는 게 아니라 내가 운이 좋았던 것임을 깨달았다.

출국하기 전 『지금 여기, 산티아고』, 『지금 여기, 포르투갈』의 저자인 한효정 시인께서 순례길을 걷는 동안 내 앞으로 천사들이 많이 찾아와 줄 것과 함께 내가 누군가의 천사가 되어주길 기원해 주셨다. 돌아보니 내가 순례길을 걷는 동안 정말 많은 천사가 찾아와 주었다. 이제는 내가 천사가 될 시간이었다. 지금이 바로 그때다 싶어 기꺼이 일행을 위해 저녁값을 계산했다.

30일차

산티아고 데 콤포스텔라(Santiago de Compostela)

종교적 무례를 저지른 호기심

아침 메뉴는 어제 한국 여성이 운영하는 '언니네 편의점'에서 사 온 컵라면과 김치. 오랜만에 먹는 라면과 김치는 맛이 없을 수가 없지.

산티아고 대성당 광장 주변을 산책한 후 전날 저녁 미사에 이어 아침 9시 30분에 시작되는 순례자를 위한 미사에 다시 참석했다. (누가 보면 독실한 가톨릭 신자로 알겠다.) 일찍 도착했기에 성당 내부도 둘러보고, 지하에 있는 야고보 사도의 무덤에 참배도 했다. 아침 미사에서도 전날 저녁 미사에서 봤던 향로 퍼포먼스가 진행됐다. 그래서 향로 퍼포먼스는 미사 때마다 진행되는 줄 알았는데, 나중에 만난 한국 분들로부터 미사 때 향로 퍼포먼스를 못 봐서 아쉬웠다는 말을 들으며 아~ 역시 내가 운이 좋았음을 알게 되었다.

가끔 성당에서 열리는 결혼식에 참석하면, 마지막 성찬 예식 때 사제가 신도들의 입에 넣어주는 하얀 물체의 맛이 궁금했다. 오늘 아침 도대체 왜 그랬는지 모르겠지만, 불현듯 직접 그 맛을 확인하고픈 마음이 강하게 들었다.

성찬 예식의 길었던 줄이 줄어들 무렵 앞으로 나가 사제로부터 성체를 받았다. 바로 입에 넣지 않고 손에 들고 자리로 돌아오는데, 뭔가 이상했던지 옆에 서 계시던 수녀님이 다가와 속삭이듯 조용히 물었다. "Are you Catholic?" 거짓말을 할 상황도 아니어서 "No!"라고 대답했다. 그 수녀님, 난감한 표정을 지으며 성체를 집어 가셨다. 마치 커닝하다 들킨 것처럼 얼굴이 화끈 달아올랐다. 그나마 다른 사람들이 알지 못하게 조용히 일 처리를 해주신 수녀님이 고마웠다고 할까.

Hair Cut Free 서비스

산 마르틴 델 까미노 마을 알베르게에서 만나 내 머리를 잘라주기로 약속했었지만, 시간이 맞지 않아 불발되었던 타이완 여성 위(Yu)에게서 연락이 왔다. 지금 산티아고에 도착해있다면서 혹시 내가 산티아고에 있으면 머리를 잘라주겠다고 했다. 이미 잊고 있었는데…. 그냥 지나칠 수도 있는 약속을 기억해 연락을 준 마음이 참 고마웠다.

그녀가 묵고 있는 알베르게로 가겠다고 했다. 그렇지 않아도 머리를 한번 잘라야겠다고 생각했었는데….

'Hair Cut Free'라고는 하지만 빈손으로 가는 건 너무 염치가 없는 것 같아 컵라면·과일·과자 등 간식거리를 준비해서 전해줬다. 머리를 자르는 동안 정수리 부분 탈모가 점점 심해진다고 했더니, 자기 아빠는 이미 머리숱이 거의 없다면서 이만하면 아주 양호하다고 해서 같이 웃었다. 그녀는 생장피에드포르에서 출발해 산티아고까지 걷는 동안 20여 명의 머리를 잘라줬다고 한다. 힘든 순례길을 걸으며 자신의 재능을 기부하는 모습이 참 아름다웠다. 까미노 순례 중 헤어컷 서비스를 받는 것은 아주 특별한 체험이었다. (카톡으로 사진을 보낸 후 아내로부터 너무 붙어서 찍은 것 아니냐는 컴플레인을 받았다.)

순례길의 노란 화살표

산티아고 순례길을 걷는 동안 가장 고마웠던 존재 중 하나는 바로 노란 화살표였다. 한 번도 가본 적이 없는 낯선 길을 혼자 걷다 보면 혹시 길을 잃는 것은 아닌지 걱정이 되는 것도 사실이다. 순례길 곳곳에서 만날 수 있는 노란 화살표는 산티아고 순례길의 생명선이라고 할 수 있다. 그 길에 노란 화살표가 없다면 그건 산티아고 순례길이 아니라 그냥 길일 뿐이다. 이 노란 화살표 덕분에 내가 어디를 향해 가야 하는지가 명확했다. 세계 각국에서 모여든 순례자들은 노란 화살표를 따라 자신이 이곳에 온 의미를 되새기며 묵묵히 걷기만 하면 된다. 인생을 살면서 어떤 선택을 해야 할지 고민이 될 때마다, 순례길의 노란 화살표처럼 갈 길을 알려주는 그런 존재가 나에게도 있다면 얼마나 좋을까.

그동안 따로 또 같이 걸었던 자유 영혼 큰형님과 은석, 선영 씨까지 산티아고 시내 한식당에서 송별회를 겸한 저녁을 함께 했다. 산티아고 도착 이후 일정은 각자 달랐기 때문이었다. 나중에 모두 귀국하면 한국에서 꼭 다시 만나자고 약속했다.

산티아고 시내에 분점까지 낸 식당 주인의 돈독이 오른 듯한 태도가 불쾌하기도 했지만, 음식은 맛있어서 마음이 조금 풀렸다. 손님이 우리 말고는 다 현지인이었던 것으로 미루어 확실하게 현지화에 성공한 식당으로 보였다.

산티아고까지 완주한 순례자 대부분은 버스를 이용해 대서양 땅끝마을 피스테라와 무시아를 다녀오고 직접 걸어서 가는 순례자는 많지 않다고 한다. 나는 메세타 구간을 버스로 점프하는 대신 산티아고 도착 후 다시 대서양 땅끝마을 피스테라와 무시아까지 걷기로 마음먹었었다. 내일부터는 당분간 계속 비가 내린다는 일기예보. 까짓것, 판초 뒤집어쓰고 걸으면 되지 뭐.

31일차

산티아고 데 콤포스텔라→ 네그레이라(Santiago de Compostela → Negreira) 21.1km(택시)

한 달 넘는 객지 생활에 잔머리만 늘다

그동안 걸었던 산티아고 순례길 프랑스 루트가 아닌 피스테라 루트를 걷는 첫날이다. 산티아고 데 콤포스텔라에서 피스테라까지는 약 90km로 여유롭게 걸어도 나흘이면 도착이 가능한 거리다. 아침에 확인하니 틀리면 더 좋았을 일기예보 그대로 비가 주룩주룩 내리고 있었다.

산티아고에서 네그레이라까지는 약 21km. 그리 길지 않은 코스였다. 그런데 또 예상치 못한 일이 발생했다. 체크 아웃을 하며 배낭을 택배로 보내려고 했는데 호텔에 직원이 없었다. 룸이라고 해야 모두 8개인 작은 호텔이기에 직원이 상주하지 않을 수도 있다는 것을 미처 생각하지 못했다. 아차, 싶어 택배회사로 전화해도 이른 시간이라 그런지 받질 않았다. 이렇게 되면 내가 직접 배낭을 메고 갈 수밖에 없는 상황이다. 작은 배낭에 있는 짐들을 큰 배낭으로 옮겨 배낭을 다시 정리했다. 택배로 보낼 것을 염두에 두고 햇반과 과일, 컵라면, 생수 등을 사 두었기에 배낭 무게가 제법 묵직했다.

호텔을 나와 3~4km쯤 걸었을까. 주룩주룩 내리던 빗방울이 점점 굵어지면서 세찬 비가 쏟아지기 시작했다. 뭔지 모를 짜증이 밀려왔다. '에이! 그냥 택시 타고 갈까?' 산티아고까지 걷고 나니 목표 의식이 떨어지기도 했던 것 같다. 하지만 스페인에서 갑자기 택시를 부르는 것도 그리 간단한 일이 아니었다. 한국처럼 빈 택시가 거리에 돌아다니는 것도 아니고 콜택시 전화번호도 알지 못했다. 전화번호를 알았다고 해도 스페인어로 대화가 쉽지 않았을 것이고···. 대신 집 떠나 한 달 넘게 객지 생활을 하다 보니 잔머리는 늘었다. 방금 지나쳐 온 고급 호텔로 되돌아가 프런트에서 네그레이라까지 갈 택시를 불러달라고 부탁했다. 당연히 호텔 투숙객이려니 생각했던지 프런트 직원이 친절하게 택시를 불러줬다.

택시는 바로 왔고, 걸어갔으면 족히 4시간은 소요되었을 네그레이라까지 20분밖에 걸리지 않았다. 택시 기사가 서툰 영어와 몇 마디 아는 한국말을 총동원해 친근감을 표시했다. 네그레이라 알베르게 알레크린(Albergue Alecrin)에 도착했을 때 요금미터기에는 23.5€가 찍혀있었다. 25€를 주며 잔돈은 안 줘도 된다고 했더니 여러 차례 감사함을 표시했다.

교포 3세 일본 순례자 미쿠

세차게 내리던 비가 잦아들면서 가랑비 수준으로 바뀌었다. 너무 이른 시간에 알베르게에 도착했기에 배낭만 맡겨두고 천천히 동네를 둘러봤다. 마트에도 들러 주말에 먹을 식량과 간식거리도 쇼핑했다. 여유롭게 씻고 침대에서 휴식을 취하고 있는데, 옆 침대로 동양 여성이 배정받아 왔다. 당연히(?) 한국인일 것으로 생각했는데 일본인이라고 했다.

산티아고 '언니네 편의점'에서 산 너구리 컵라면과 햇반, 그리고 네그레이라 마트에서 산 마카로니와 달걀, 피클 등으로 인해 선택의 폭이 넓어지다 보니 점심을 뭘로 해 먹을까 행복한 고민에 빠졌다.

아직 이른 시간이라 알베르게에는 나와 일본 여성 둘밖에 없었다. 혼자만 먹기는 뻘쭘해 혹시 식사를 하지 않았으면 같이 먹겠냐고 했더니 환한 미소와 함께 반색했다. 비를 맞으며 걸어왔기에 많이 시장했던 것 같았다. 아무래도 한국과 입맛이 비슷하니 특히 컵라면과 햇반을 맛있게 먹었다. 비록 한국어는 못했지만 이름은 미쿠(Miku)

이고, 할아버지가 한국분인 교포 3세로 김미홍이라는 한국 이름까지 있다고 해서 더 반가웠다.

식사 후 침대에서 가족, 친구들과 그동안 밀렸던 카톡 대화를 하려고 했는데, 이런! 하루 종일 카톡이 먹통이었다. 일시적인 현상으로 알았더니 거의 이틀 동안 카톡이 안 됐다. (나중에 알고 보니 한국에서도 난리가 났었던 바로 그날이었다.) 유심을 교체했기에 전화나 문자는 안 되고 한국과의 유일한 통신수단이 카톡이었는데…. 엄청 답답하고 불편했다.

32일차

네그레이라 → 라고(Negreira → Lago) 27.8km

너 거기서 뭐 하고 있니?

오늘은 네그레이라에서 라고까지 약 28km로 조금 긴 구간이다. 거리보나는 하루 종일 많은 비가 내린다는 일기예보가 더 신경이 쓰였다.

확실히 피스테라로 가는 길은 지금까지 걸었던 프랑스길과는 다르게 호젓한 분위기였다. 순례자 대부분이 산티아고 데 콤포스텔라에 도착하는 것을 목표로 하기 때문일 것이다. 산티아고 도착 후 다시 피스테라까지 걷는 순례자 비율은 10퍼센트 정도에 불과하다고 한다.

걷기 시작했을 때만 해도 가랑비 수준이었는데, 점점 굵은 빗줄기로 변하더니 바람까지 거세게 불기 시작했다. 생장에서 산티아고까지 걷는 동안은 너무나도 좋은 날씨였는데, 마치 이렇게 사나운 날씨도 있다는 것을 확인이라도 시켜주려는 것이 아닌가 싶었을 정도로.

비바람 속을 한참 걷다 보니 알베르게를 겸한 바가 보였다. 계단을 한참 올라가야 하는 위치라 그냥 통과해 다음에 만나는 바로 갈까 했

다. 하지만 배도 고프고 화장실도 이용해야 해서 힘들지만 제법 긴 계단을 올라갔다. 여전히 아침 단골 메뉴인 카페콘레체 한잔과 빵 한 조각. (직접 착즙한 오렌지주스는 팔지 않았다.) 나중에 알게 되었지만, 일요일이라서 이곳 말고는 라고에 예약한 알베르게에 도착할 때까지 문을 연 바나 카페를 발견할 수 없었다. 만약 계단 오르기가 힘들다고 그냥 지나쳤다면, 숙소에 도착할 때까지 거센 비바람 속에서 허기에 시달려 거의 탈진하지 않았을까 싶다.

대서양과 마주한 항구 마을 피스테라까지는 63km밖에 남지 않았다. 비가 워낙 세차게 내리다 보니 고어텍스 신발 안으로까지 흠뻑 물에 젖었다. 약 3시간 동안을 거센 비바람을 맞으며 아무도 없는 길을 혼자 걷는 느낌은 특별했다. 외롭고, 처량하고, 춥고, 배고프고…. 누군가 홀로 걷고 있는 나에게 이렇게 묻는 것 같았다. 너 거기서 뭐 하고 있니?

길에서 두 번의 총성이 들렸다. 이런 빗속에서 누가 사격훈련을 하는 것은 아닐 텐데···. 조금 으스스한 기분이 들었다. 얼마쯤 더 걷다가 산토끼 두 마리를 든 의기양양한 표정의 사냥꾼과 사냥개를 만났다.

순례자의 한일관계는 화기애애

비바람을 뚫고 예약한 알베르게 몬테 아로(Albergue Monte Aro)에 힘겹게 도착했을 때, 어제 네그네이라 알베르게에서 함께 식사를 했던 미쿠가 반갑게 인사를 건넸다.

라고 역시 아주 작은 마을이라 주변에 마트나 식당도 없을 것 같았기에 저녁 7시에 제공되는 알베르게의 순례자 메뉴를 신청했다. 라고로 오던 길에 잠시 인사를 나눴던 일본인 레이코(Reiko) 모녀와 미쿠까지 넷이서 같은 테이블에 앉아 저녁 식사를 했다. 어쩌다 보니 일본 여성 틈에서 식사를 하게 됐다.

73세라는 레이코의 어머니는 일본에서 암벽등반 동호회에 가입해 활동 중일 정도로 건강하셨고, 산티아고 순례길도 딸보다 더 잘 걷는다고 했다. 레이코는 일본인은 영어가 시원찮다는 편견과는 달리 원어민 수준의 영어와 함께 서빙 직원과는 유창한 스페인어로 대화를 나눠 나를 주눅 들게 했다.

정치적 한일관계는 별로지만, 순례길에서 만난 사람 간의 한일관계는 화기애애했다. 1시간 반 정도 즐거운 분위기 속 행복한 식사 시간이었다.

33일차

라고 → 쎄(Lago → See) 25.7km

바다를 만나다

라고에서 쎄까지는 약 26km 구간. 여전히 비가 내리기는 했지만, 그나마 다행인 것은 어제보다는 약한 비에다 바람도 잔잔한 편이라는 것이다.

첫 번째 만난 바에서 단골 메뉴인 카페콘레체와 빵으로 아침을 해결한 후 한 번도 쉬지 않고 바로 쎄에 도착했다. 길을 걷다 보니 피스테라와 무시아 갈림길 표지석이 보였다. 어디로 가든 두 곳 모두 갈 수는 있다. 피스테라와 무시아 간에도 순례길이 있기 때문이다. 하지만 배낭을 쎄로 보낸 나는 피스테라 쪽을 선택할 수밖에 없었다.

저 멀리 바다가 보이기 시작했다. 아! 이게 얼마 만에 보는 바다인지. 이제 대서양 땅끝마을에도 다 와 가는구나!

예약했던 알베르게 아 카사 데 폰데(Albergue A Casa de Fonte)에 도착할 무렵 왓츠앱으로 연락이 왔다. 내부로 비가 스며들어 문을 닫을 수밖에 없다는 내용이었다. 하지만 배낭을 그곳에 택배로 보냈기에 일단 알베르게까지 가야 했다. 주인장이 비가 샌 내부를 보여주

며 울상을 지었다. 나야 뭐, 그저 빨리 수습되기를 바란다는 위로를 전할 수밖에.

전화로 숙박 여부를 확인해 가까운 알베르게 테케론(Albergue TEQUERON)에 체크인을 마쳤다. 샤워 후 인근 식당에서 순례자 메뉴로 점심을 먹었는데, 디저트가 아이스크림이 아니었던 것은 또 처음이었다.

슬슬 동네를 둘러보는 동안 10월도 이제 중순을 넘어서다 보니 제법 서늘함이 느껴졌다. 내일이면 대서양 땅끝마을 피스테라에 도착한다. 돌이켜보니 참 많이 걷긴 했다. 그렇게 걸으면서 무슨 생각을 가장 많이 했을까? 또 나는 조금이나마 변하기는 한 건가?

퇴직 후 나는 어떻게 살 것인가?

19△△년에 입사했으니 어느덧 햇수로 34년이란 세월이 흘렀군요.

퇴직을 앞두고 ○○에서 보낸 지난 시간을 회상해보니, 조직에 적합하지 않았던 이기적인 성격과 한참 부족한 능력에도 불구하고 지나치게 과분한 역할들을 맡아서 일했던 것 같습니다.

근무하는 동안에 많은 사랑과 도움을 주셨던 동료, 후배 직원들께 깊은 감사의 말씀을 드립니다.

잘한 것은 별로 기억나지 않는데, 요즘 들어서는 함께 일하면서 알게 모르게 저로 인해 상처받고 스트레스를 받았을 후배 직원들께 미안한 마음이 자주 들었습니다. 고개 숙여 사과의 말씀도 드립니다.

퇴직하더라도 늘 ○○의 발전과 ○○인 여러분의 건승을 기
원하겠습니다.

그동안 감사했습니다.

– 이 관 올림

– 퇴직하며 회사 게시판에 올린 글

평생 직장생활을 하던 대한민국 남자들에게 퇴직이란 인생의 커
다란 분수령이다. 정말이지 신분과 처지가 하루아침에 180도 바뀌
는 대사건이라고 할 수 있다. 만나는 사람마다 내밀던 명함도 없어
진다. 지인들과의 연락도 눈에 띄게 줄어든다. 마땅히 어디 갈 곳도
많지 않다.

정신과 의사 정혜신 원장은 한평생 일에 많은 시간을 바치다가 퇴
직하는 순간을 마치 감옥에서 막 출소한 출소자의 심정과 비슷하다
고 비유했다. 오래도록 지내온 삶과는 전혀 다른 삶으로 바뀌는데,
감정이 멀쩡할 수 없다고도 했다.

아직 감옥에서 출소한 경험은 없다 보니 출소할 때 심정을 짐작하
기란 쉽지 않지만, 퇴직 후에 뭔지 모를 상실감과 우울한 감정이 드
는 것은 어쩔 수 없었다.

"요즘 뭐하면서 지내?"

이런 질문을 받을 때마다 조금은 난감하고 씁쓸하기도 했다. 하지만 나에겐 이런 질문에 대한 아주 적절하고 유용한 답변이 준비되어 있었다.

"산티아고 순례길을 준비하고 있어."

이제 순례길도 끝나가고 있으니 한국으로 돌아가면 무어라 대답할 수 있을까. 고작 산티아고 순례길을 걸었다고 뭔가 큰 깨달음을 얻는다던가, 인생이 달라지진 않을 것이다. 하지만 퇴직 후 삶의 버킷리스트 중 하나를 이루어낸 나는 적어도 산티아고 이전과 이후의 삶이 같지는 않을 거라는 확신은 들었다.

알베르게로 돌아와 오랜만에 낮잠도 한숨 잤다. 저녁은 갈리시안 뿔뽀(문어)를 주문했다. 16€로 혼자 먹기엔 양도 많았고 비싸기도 했다. 혼자 식당에 갈 때만큼은 일행이 있어 여러 가지를 골고루 시켜 먹으면 좋겠다 싶었다.

앱으로 일기예보를 확인하니 내일은 11시경부터 비가 내리는 것으로 되어있었다. 아무래도 일찍 출발해 비가 내리기 전에 피스테라 0.0km 표지석과 등대까지 도착해야 할 것 같다.

34일차

쎄 → 피스테라(See → Fistera) 16.1km

대서양 땅끝마을 피스테라에 도착

대서양과 마주한 피스테라로 향하는 날, 알베르게에서 컵라면과 사과로 아침을 먹었다. 아직 어둠이 가시지 않은 7시경, 알베르게 문을 열고 나오는 순간 라고에서 같이 저녁 식사를 했던 일본인 레이코 모녀를 만났다. 자연스럽게 셋이 함께 걷게 됐다.

레이코가 약국에서 체중을 체크했더니 어머니는 6kg, 자신은 3kg 이 줄었다면서 나보고도 한번 체크해 보라고 했다. 흠… 나는 그렇게 쉽게 빠지는 체질이 아닌데. 조금이나마 줄긴 했을까? 궁금하긴 했다.

11시 이후부터 비가 내린다는 일기예보가 있었기에, 비가 내리기 전에 0.0km 표지석이 있는 등대까지 가야겠다는 마음이 컸는지 나도 모르게 걸음이 좀 빨랐던 것 같다. 73세 어머니께서 평소 걸음보다 빨리 걸으시려니 힘들어하는 것이 느껴졌다. 미안한 마음이 들어 피스테라에서 다시 보자 하고는 그들을 앞질러 걸었다.

먼 옛날 유럽인들이 세상 끝이라고 여겼던 피스테라. 산티아고에

서 피스테라까지 약 90km의 피스테라길은 부르고스에서 레온까지의 메세타 구간을 버스로 점프한 부채 의식과 함께 그동안 걸었던 프랑스길을 마무리하는 기분으로 걸었다.

마지막 쎄에서 피스테라로 가는 길. 왼쪽으로 대서양 바다를 보면서 걷는 기분은 상쾌했고, 배낭을 메고 걸었음에도 전혀 힘들지 않았다.

피스테라 등대에 도착한 시간이 10시 40분경. 산티아고 대성당에 도착했을 때와는 또 다른 감동이 느껴졌다.

일기예보와는 다르게 흐리던 날씨는 오히려 화창하게 개었다. 하지만 등대 너머 바닷가로 내려가는 길에 부는 바람은 한 덩치 하는 나조차 걸음을 내딛기 힘들 정도로 강한 바람이었다. 절벽 가까이 갔다가는 순식간에 바람에 밀려 밑으로 떨어질 수도 있을 것 같아 조금 멀리 떨어져 사진을 찍었다.

예약한 알베르게의 오픈 시간이 13시였기에 가까운 식당에서 점심부터 먹었다. 오징어튀김과 야채샐러드에 콜라까지. 덜 짜게 해달라고 미리 부탁했더니 입에 딱 맞았다.

알베르게 포르 핀(Albergue Por Fin)은 헝가리인이 운영하는 알베르게였다. 입구에 '헝가리인이 운영하지만, 헝가리 사람만 이용하는 곳이 아니라 모든 분을 환영한다'라고 적혀 있었다. 침대에 내 이름을 준비해 둔 작은 서비스도 소소한 감동이었다.

며칠째 계속 비가 내리다 보니 옷을 말릴 수가 없었기에 빨래방에 들러 세탁과 건조까지 마쳤다. 어슬렁거리며 작은 항구 도시 피스테라를 돌아보고 공립 알베르게에 들러 피스테라길 완주 인증서도 받았다.

순례길 중 가장 마음에 와닿았던 미사

저녁 6시, 피스테라 산타마리아 성당에서 열린 순례자를 위한 미사에 참석했다. 산티아고 데 콤포스텔라 대성당의 웅장한 미사와는 전혀 다르게 15명 정도가 참석한 소박한 분위기의 미사였다. 미사는 젊은 흑인 신부 혼자 진행했다. 스페인어를 모르는 외국인들을 위해 중간중간 영어를 섞어가며 힘들게 먼 길을 걸어온 순례자들에게 축복과 위로를 전하려는 신부님의 진심이 잘 느껴졌다. 신부님이 미사 마지막에 모두 앞으로 나오게 한 후 참석자 한 사람마다 머리에 손을 얹고 축복기도를 해주셨다. 비록 가톨릭 신자는 아니지만, 마음이 따뜻해지면서 큰 위로가 됐다. 종교의 가장 중요한 역할은 바로 이런 것이 아닐까 싶었다. 산티아고 대성당을 포함해 순례길을 걸으며 참석했던 그 어떤 미사보다 마음에 와닿았던 미사였다.

순례길을 걸으며 몇 차례 만났던 한국, 타이완 여성도 미사에 참석했다. 비가 내리는 가운데 우리 셋은 바닷가 전망 좋은 해산물 식당에서 모처럼 다양한 요리를 주문해 먹었다. 화이트와인에 샐러드와 가리비, 새우, 빠에야 등 혼자 가면 주문하지 못했을 다양한 요리들을 맛볼 수 있어 행복했다. 가격은 착하지 않았지만, 맛과 분위기는 굿이었다!

35일차

피스테라 → 무시아(Fistera → Muxia) 27.9km(버스)

버스 타고 무시아로 이동

피스테라에서 무시아까지는 약 28km. 그동안 걸었던 순례길 대장
정을 마무리하는 날이다.

새벽부터 창문을 두드리는 빗소리가 요란했다. 아침에 깨어보니
빗줄기는 더욱 거세졌고 바람까지 강하게 불었다. 순례길 대장정
을 마무리하는 차원에서 피스테라에서 무시아까지 28km를 걸을 건
지, 아니면 그동안 이미 충분히 걸었으니 버스를 타고 갈 건지에 대
해 어제까지도 마음이 오락가락했었다. 아침에 강한 바람과 거센 빗
줄기를 확인하고는 바로 결정을 내렸다. 'I won't walk anymore,
because I've already walked enough.' (조금 부끄럽기도 해서 영어로.)

어제 저녁 다양한 해산물 요리를 맛있게 먹었는데, 이상하게 아침
부터 속이 더부룩했다. 뭘 먹고 싶다는 생각조차 들지 않아 사과 한
개로 아침을 가볍게 때웠다.

9시 30분 무시아 행 버스에 탑승했다. 여러 번 정류장에 정차했음
에도 피스테라를 출발해 무시아까지는 50분이 채 소요되지 않았다.

28km를 걸으려면 적어도 6~7시간은 걸렸을 텐데…. 버스에서 내릴 때는 살짝 허망하기도 했다.

무시아에 일찍 도착했기에 알베르게 체크인 시간까지 대기하기 위해 카페에 들렀다. 카페콘레체와 추로스를 주문했는데 추로스는 그대로 남겼다. 그런데도 시장기는 느껴지지 않았고, 몸이 살짝 으슬으슬하면서 몸살기가 느껴졌다. 아무래도 대서양과 마주한 땅끝까지 걷고 나니 긴장이 풀려서 그런 것이 아닌가 싶었다.

순례길 대장정 마무리

무시아에 도착했을 때는 비가 그치면서 날씨가 화창하게 바뀌었다. 알베르게 벨라 무시아(Albergue Bela Muxia)에 짐을 풀고 유유자적 작은 항구 마을 무시아 여기저기를 둘러봤다. 같은 대서양 항구 마을이지만 피스테라와는 또 다른 느낌이었다. 훨씬 더 호젓하다고 해야 할까.

무시아에도 피스테라와 마찬가지로 0.0km 표지석이 있었다. 마치 0.0km는 끝이 아니라 새로운 시작이라고 표지석에 있는 조가비가 말하는 것처럼 보였다. 거대한 화강암 조형물은 2002년 그리스 유조선이 두 동강 나면서 기름이 유출된 대형 사고를 기억하기 위해 만들어졌다고 한다. 그리 높지 않은 산 정상에 올라서면 무시아 마을을 한눈에 볼 수 있었다.

마침내 나는 무시아에서 순례길의 끝을 맞이했다. 산티아고 순례길을 걷기로 결심하고, 몇 번인가 나를 멈칫거리게 하는 일이 있었지만 끝내 실행에 옮긴 스스로가 대견했다. 걷는 동안 만났던 모든 순

레자와 알베르게 운영자에게 감사한 마음이 들었다. 또 출발 전부터 걷는 기간 내내 격려와 응원을 보내준 가족과 친구, 지인들이 너무도 고마웠다. 무시아에 도착하니 정말이지 감사해야 할 것들이 넘쳐났다. 내가 산티아고 순례길에서 얻은 게 있다면, 감사할 줄 아는 마음을 갖게 되었다는 것이다.

숙소로 돌아와 샤워 후 1시간 정도 낮잠을 잤더니 다행히 몸살기는 좋아지는 듯했다. 여전히 시장기는 느껴지지 않았지만, 그래도 뭔가 먹긴 해야 할 것 같아 알베르게에서 무료로 제공하는 야채죽 반 그릇으로 저녁을 대신했다.

오늘 아침부터 갑자기 늘 비슷비슷한 스페인 음식이 지겨워졌다.

물린다고 해야 할까. 국뽕이라고 해도 어쩔 수 없지만, 우리 음식만큼 감칠맛 나고 다양한 음식은 세상 어디에도 없는 것 같다.

그나저나 이제 순례자에서 여행자로 신분이 바뀔 텐데 식욕부진이라니…. 여행의 큰 즐거움 중 하나가 맛있는 현지 음식을 먹는 것인데 말이다. 아무래도 빨리 귀국하라고 몸이 보내는 신호가 아닐까 싶었다.

순례자 아닌
여행자 이야기

산티아고 순례길을 걷기 위해 먼저 프랑스 파리 찰스 드골 공항으로 입국했었다.
고난의 순례길로 접어들기 전 파리에서 3박을 하며 시차 적응 겸 가벼운 관광으
로 몸을 풀었다.
산티아고 순례길을 완주한 후에는 바로 귀국하지 않고 포르투갈 포르투로 이동해
역시 3박을 하며 순례길을 마무리하는 시간을 가졌다.
혹 산티아고 순례길을 준비하는 분들에게 도움이 될지도 모른다는 마음에 기록
으로 남긴다.

파리 시티투어

한국에서 출국하기 전 '마이리얼트립'을 통해 파리 시티투어를 예약했었다. 아침 9시 프랭클린 델러노 루즈벨트(Franklin D. Roosevelt) 역 1번 출구 앞에서 만나 저녁 7시까지 10시간 동안 파리 이곳저곳을 지하철과 버스, 도보로 둘러보는 투어였다. 투어 참가인원은 많지도 적지도 않은 12명.

오전에 샹젤리제 거리를 거쳐 개선문, 샤크레쾨르 대성당, 몽마르트르 언덕에서 유명 예술가들의 흔적을 살펴본 후 모두 250개의 언어로 '사랑해'라는 단어가 가득 적혀 있는 '사랑해 벽' 등을 둘러봤다.

오후에는 바스티유 광장, 보쥬 광장, 마레 지구, 「오페라 유령」이 탄생한 가르니에 오페라 극장, 에펠탑까지 둘러보는 알차고 빡빡한 일정이었다. 투어 비용은 55,000원으로 프랑스 물가를 고려한다면 가성비는 아주 좋다고 할 수 있겠다.

파리는 1997년 우리나라 경제의 최대 위기라고 할 수 있는 IMF 구제금융 사태가 발생하기 직전에 들린 적이 있었으니 25년 만의 방문이었다. 오랜 세월이 흘렀지만, 개선문과 노트르담 대성당 내부, 퐁피두센터, 몽마르트르 언덕에 올라갔던 것만큼은 분명히 기억한다. 그리고 25년이란 시간에도 불구하고 파리 시내 모습은 별로 변하지 않은 것 같다는 느낌도 들었다.

딸 또래인 김정은 가이드는 일 자체를 즐기는 것처럼 보였다. 스스로 너무 즐거워하며 안내하고 설명하는 모습이 참 보기 좋았다. 문득 나는 직장에 다닐 때 저렇게 행복해하며 일을 했었던가… 반성도 해봤다. 마이리얼트립에 가이드를 칭찬하는 댓글도 올렸다.

파리 자유여행

어제는 그저 가이드를 따라다니면 됐지만, 오늘은 모든 일정을 스스로 해결해야 했다.

지하철을 타고 먼저 노트르담 성당부터 방문했다. 아직 복구공사가 한창이고 언제 완전하게 복구될지 알 수 없지만, 그럼에도 많은 관광객이 찾고 있었다.

루브르 박물관이나 오르세 미술관에는 못 가는 대신 방문한 로댕 미술관은 아주 괜찮은 선택이었다. 루브르나 오르세와는 달리 사전에 예약할 필요가 없을 뿐 아니라 '생각하는 사람', '지옥의 문' 등 로댕의 대표작들을 직접 볼 수 있는 것은 물론이고, 파리에서 손꼽히는 아름다운 정원을 함께 감상할 수 있기 때문이다.

그래도 명색이 미식의 나라 프랑스에 왔는데, 곧 고행의 길로 접어드는 나에게 정통 프랑스 요리 한 번은 선물하고 싶었다. 민박 주인장에게 소개받은 마레 지구 식당에서 화이트와인을 곁들인 달팽이 요리와 양파 수프를 주문했다. 디저트까지 시켰다간 너무 비쌀 것 같기도 하고, 이미 배도 꽉 찬 상태라 생략했다. 가격은 착하지 않았지만, 만족스러운 식사였다.

프랑스 혁명 당시 루이 16세와 마리 앙투아네트를 단두대에서 목 잘라 처형했던 콩코드 광장을 찾았을 땐, 광장에 우뚝 서 있는 이집트에서 약탈해 온 오벨리스크가 안쓰럽게 여겨졌다.

숙소로 돌아가 잠시 휴식을 취한 후 파리에서의 마지막 밤은 센강 유람선 바토뮤슈를 타는 것으로 마무리했다.

바토뮤슈 탑승장 가는 길에 다이애나 왕세자비 25주기 추모 사진

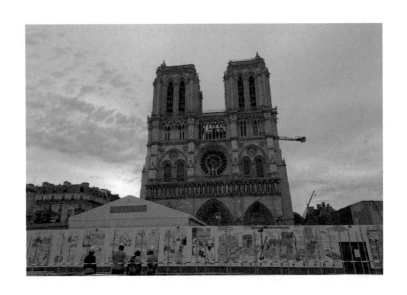

과 꽃이 보였다. 다이애나가 세상을 떠난 지 벌써 25년이 흘렀다니 세월은 참 무심하기만 하다.

마이리얼트립에서 바토뮤슈 탑승권을 6,800원에 구입했는데, 직접 현장에서 티켓을 사려면 13€(약 18,000원)라는 사실이 놀라웠다. 지하철은 물론 버스나 바토뮤슈에서도 마스크를 착용한 사람은 없었다. 파리는 코로나와는 전혀 상관없는 세상이었다.

민박집으로 돌아와 입구 문을 열려는데, 열쇠가 보이지 않았다. 여기저기 뒤져도 찾을 수 없어 결국 안에서 문을 열어줘서야 들어갈 수 있었다. 분실 키 비용으로 무려 50€를 변상해야 했다. 너무 비싼 게 아닌가 싶었지만, 내 잘못이니 누굴 탓하랴. 아무 말 하지 않고 돈을 건네줬다.

뭘 잃어버리는 습관은 이게 다가 아니라, 순례길을 걷기 시작하면서 본격적으로 시작된다는 것을 독자분들은 이미 눈치채셨을 것이다.

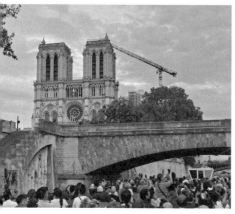

포르투 첫날

포르투행 플릭스 버스(Flix Bus)는 지정 좌석이 없는 이층버스였다. 요금은 20€. 우리 돈으로 27,000원 정도이니 저렴한 편이라고 하겠다. 기왕이면 전망이 좋을 것 같은 2층에 탑승했다. 포르투로 이동 중에도 빗줄기는 계속 오락가락했다.

버스 티켓에 비고(Vigo)에서 환승하는 걸로 표시되어 있었다. 비고 정류장에 정차했을 때 버스에서 내려 짐을 찾으려는데, 탑승했던 버스가 포르투까지 가니 그냥 타라고 했다.

비고를 출발해 얼마 지나지 않아 다리 하나 건너니 포르투갈이었다. 프랑스에서 스페인 국경을 넘어갈 때는 피레네 산을 걸어서 통과했었고, 이번에는 버스를 타고 스페인에서 포르투갈 국경을 아무런 절차 없이 통과했다. 삼면이 바다이고 북쪽으로는 휴전선에 가로막혀 섬나라보다 훨씬 지독한 섬나라가 되어버린 우리로서는 그저 부럽기만 했다.

오전 9시에 산티아고를 출발한 버스는 12시 30분에 포르투 깜빠냐 버스 터미널(Campanha Bus Terminal)에 도착했다. 시간으로는 3시간 30분이었지만, 포르투갈과 스페인은 1시간의 시차가 있다 보니 실제로는 4시간 30분이 소요된 셈이다.

아침을 일찍 먹었기에 숙소로 가는 도중 살짝 시장기가 느껴졌다. 눈에 띄어 들어간 카페에서 먹은 오렌지주스와 빵, 그리고 에그타르트는 깜짝 놀랄 만한 맛이었다. 스페인 막바지에 잃었던 입맛이 단숨에 살아나는 느낌이었다.

포르투에서의 3박은 어번 가든 포르투 센트럴 호스텔(Urban

Garden Porto Central Hostel)에 예약했다. 시설이 깔끔했고, 침대마다 개인 콘센트는 물론 커튼까지 있어 프라이버시가 보장됐다.

오후에는 다행히 날씨가 좋아 설렁설렁 걸어서 포르투 시내를 둘러봤다. 포르투는 생각했던 것보다 훨씬 예쁜 도시였고, 관광객도 엄청 많았다. 산티아고에서 숙박을 줄이고 더 일찍 올 걸 그랬나 싶었을 정도로. (산티아고 데 콤포스텔라가 뭔가 성스러운 분위기라면, 포르투는 들뜬 분위기라고 할까.) 포르투에서 공연히 마음이 설레는 것으로 보아, 아무래도 나는 순례자보다는 여행자 체질인 것 같다.

다음날인 월요일 예약해 둔 포르투 시티투어 집결장소인 이그레아 다 산티시마 트린다데(Igreja da Santissima Trindade) 성당을 장소 확인 겸 미리 둘러봤다. 마침 혼인 미사가 진행되고 있어 내부까지 입장할 수 있었다.

포르투 시청 앞에서 외국인에게 사진을 부탁했더니, 진짜 구도가 엉망이었다. 외국인, 특히 서양인들은 사진에 인물만 들어가면 되는 줄 아는 것 같다. (해외에서 사진을 부탁할 때는 가급적 한국인, 한국인이 없으면 동양인에게 부탁해야 실패할 가능성이 적다.)

상벤투 역의 아줄레주 벽화는 이 역이 괜히 '세상에서 가장 아름다운 기차역'이라는 별명이 붙여진 게 아니라는 것을 확인시켜 줬다.

포르투 대성당에서 바라본 도우로 강 풍경은 정말이지 환상적이었다.

포르투의 핫플레이스 동루이스 다리를 건너 모루 정원 입구에서 반대편 포르투 시내 풍경을 감상하고 있는데, 누군가 가볍게 등을 쳤다. 뒤를 돌아보니 하루 먼저 포르투에 온 미쿠였다. 저녁을 같이 먹기로 약속하긴 했지만, 대단한 우연이라고 하지 않을 수 없었다. 우리는 포르투를 가장 아름답게 조망할 수 있다는 세라 두 필라르 수도원에 함께 올라가 멋진 풍경에 감탄을 금치 못하며 시간을 보냈다.

일요일이다 보니 찜해두었던 식당들이 모두 문을 열지 않았다. 즉

석에서 검색해 찾은 포르투갈 전통 식당에서 주문했던 생선 수프와 문어 덴뿌라, 이름이 기억나지 않는 요리까지 모두 아주 훌륭한 맛이었다. 스페인 막바지에 잃었던 식욕이 완벽하게 회복되는 것 같았다.

포르투 시티투어

마이리얼트립을 통해 포르투 시티투어를 신청했었다. 가끔 소나기가 내린다는 일기예보 때문에 불안불안했는데, 다행히 큰 어려움 없이 투어를 마칠 수 있었다.

아침 9시 20분 이그레아 다 산티시마 트린다데 성당 앞 집결. 모두 5명이 참가했는데, 가이드를 포함해 6명 중 내가 청일점이었다. 볼량 시장부터 시작해 세상에서 가장 아름다운 맥도널드라는 포르투 맥도널드, 세상에서 가장 예쁜 기차역 상벤투 역, 세상에서 가장 예쁜 책방 렐루 서점, 포르투의 명동 쇼핑거리 산타 카타리나(Santa Catarina), 비토리아 전망대, 클레리구스 종탑 등을 약 3시간 30분에 걸쳐 둘러보는 도보 투어였다.

조앤 롤링이 『해리포터』를 집필한 장소라는 마제스틱 카페(Majestic Cafe)는 사람이 너무 많았고, 가격도 사악했다. 대신에 맞은편 카페에서 에그타르트와 에스프레소 한잔.

'세상에서 가장 아름다운 맥도널드 매장'이라는 포르투 맥도널드는 포르투가 항구 도시다 보니 갈매기 배설물로 골치인데, 직원이 가끔 독수리를 들고 서 있으면 갈매기가 접근하지 않는다고 하니 나름 참신한 아이디어로 보였다.

전날에 이어 다시 방문한 상벤투 역. 어제는 아무것도 모르고 왔었지만, 가이드로부터 포르투갈의 주요 역사 사건들을 묘사한 아줄레주 벽화에 대한 자세한 설명을 들으니 포르투갈의 역사를 이해하는 데 유익했다.

포르투 대성당 앞에서 산티아고 순례길 표지석을 보니 무척 반

가위다. 포르투에서 출발하면 산티아고 데 콤포스텔라까지 달랑 248km라니, 언제가 될지 모르겠지만 포르투에서 출발하는 포르투 갈 순례길도 한번 걷고 싶었다. 아니지! 기왕이면 리스본에 먼저 들 러 며칠 관광하고 버스로 포르투로 이동해 다시 며칠 머물다 산티 아고까지 포르투갈 순례길을 완주하고 산티아고에서 비행기로 프 라하로 이동해 다시 며칠 관광하고 귀국해야지. (그렇게 미리 김칫국 부터 마셨다.)

방문하려는 관광객들로 길게 줄을 선 '세상에서 가장 아름다운 서 점'이라는 렐루 서점은 그냥 통과해야 했다.

사실 여부를 떠나 세상에서 가장 아름다운 기차역과 서점, 그리고 맥도널드가 포르투에 있다는 마케팅 아이디어를 낸 사람은 큰 상을 받아 마땅하다.

걷는 도중 가이드가 포르투갈 대졸 초임이 우리 돈 100만 원 수준에 불과하다고 설명했다. 파리나 런던으로 가면 3~4배의 연봉을 받을 수 있지만, 대부분 연봉은 적더라도 포르투갈에서 가족과 함께 행복한 삶을 누리는 것을 선호한다고 한다.

이날 투어의 마지막 장소는 비토리아 전망대였다. 빨간 지붕들 너머로 보이는 도우로 강과 동루이스 다리는 그냥 캘린더 사진이었다.

숙소에서 낮잠을 한숨 잔 후 동루이스 다리 건너 와이너리가 위치한 동네를 둘러보고 포르투의 대표적인 야경 명소인 세라 두 필라르 수도원으로 향했다. 소나기가 내리다 그친 저녁이라 환상적인 야경을 기대했는데, 그런 멋진 풍경까지 볼만큼 착하게 살진 못한 것 같다.

포르투갈 사람들은 에그타르트가 아니라 '나타'라고 부른다. 예전 사제와 수녀들의 옷을 빳빳하게 만들기 위해 계란 흰자를 사용

하다 보니 남아도는 노른자를 활용해 만든 빵이라고 한다. (에그타르트가 워낙 많이 팔리다 보니 요즘은 오히려 계란 흰자가 남아도는 것은 아닌지 모르겠다.)

빵으로 유명한 포르투갈답게 확실히 스페인 빵보다 맛있었다. 그

리고 중요한 것 하나 추가하자면 사람들도 대체로 스페인 사람들보
다 친절했다.

포르투 마지막 날

드디어 긴 여정을 마무리하는 날이 밝았다. 기분이 참 묘했다. 순례길을 걷기 시작할 때는 산티아고까지 남은 거리가 점점 줄어들 때마다 뿌듯했는데, 100km를 남기고서부터는 남은 거리가 줄어드는 게 아쉬웠던 것과 비슷한 심정이라고 할까.

아침 10시, 미쿠와 만나 포르투의 명물 중 하나인 1번 트램을 탔다. 지루하지 않을 정도인 20분을 달린 후 대서양 바다 마을에 도착했다. 왕복 티켓 가격이 6€에서 최근 7€로 올랐다. 비교적 안정적이던 포르투갈도 최근 물가가 많이 오르고 있다고 한다. 오랜만에 타보는 트램은 느긋한 속도와 고풍스러운 내부, 그리고 흔들거림마저 정겹게 느껴졌다.

트램 종점에서 야자수 길을 따라 조금 걸으니, 포르투 최고의 일

몰 명소 중 하나라는 펠구에이라스 등대에 도착할 수 있었다. 피스테라와 무시아에 이어 이곳 포르투에서 다시 대서양 바다를 보니 가슴이 탁 트였다.

포르투 시내로 돌아와서는 도우로 강 건너편 와이너리가 많은 동네로 가서 타파스와 포르투 와인, 그리고 에그타르트로 점심을 먹었다. 지금도 가끔 그 맛이 그리울 정도로 입에 착 감기는 맛이었다. (스페인 막바지에 잃었던 입맛을 포르투갈에서 완전히 회복했다.)

포르투 와인의 탄생 스토리는 흥미롭다. 결론부터 말하자면, 포르투 와인은 전쟁 중에도 와인을 마시고 싶었던 영국인들의 집념이 만들어 낸 술이라고 할 수 있다. 우리에게 잔 다르크로 잘 알려진 영국과 프랑스의 100년 전쟁. 즐겨 마시던 프랑스 보르도 와인 수입이 중단되자 영국인들은 궁여지책으로 나름 와인이 발달했던 포르투로 눈을 돌리게 된다. 하지만 영국으로의 운송과정에서 와인이 쉽게 상하다 보니, 고민 끝에 와인에 알코올 도수가 높은 브랜디를 섞었다. 그렇게 탄생한 포르투 와인은 애호가 사이에서 최고급 보르도 와인보다 더 훌륭하다고 칭송이 자자해지면서 유명세를 타게 된다. 보통 와인이 13도 내외인 것에 비해 포르투 와인은 20도 내외로 제법 독하다. 또 독한 브랜디가 포도 속 당분이 알코올로 발효되는 것을 중단시키기 때문에, 포도의 달콤한 맛이 그대로 남아 있어 일반 와인과는 달리 맛이 달달하다. 마시기 좋다고 와인처럼 마셨다간 일어설 때 휘청거리기 십상이다.

귀국 후 가까운 친구들에게 포르투 와인을 선물했고, 몇 차례 모임 때 찬조하기도 했다. 그때마다 반응은 매우 호의적이었다.

교포 3세 일본 친구 미쿠와는 네그레이라 알베르게에서 처음 만나 식사를 같이했었다. 그 이후 산티아고에 이어 포르투까지 인연

을 이어갔는데, 청초한 이미지 그대로 조용하면서도 따뜻한 내면을 지닌 친구였다. 가끔 딸 같다는 생각도 들었다. 언제가 될지 모르지만, 누군가 한국이나 일본을 방문하게 되면 꼭 연락해 식사 한번 하기로 약속했다.

돌아오는 길에 하루 전 시티투어 때 방문했던 포르투 맥도널드, 볼량 시장, 렐루 서점 등을 마치 잘 아는 것처럼 가이드해줬다. 숙소로 돌아오는 길에 알마스 성당 외벽에서 아쉬운 인증샷도 남겼다.

내일 귀국을 앞두고 마지막 저녁은 오늘 산티아고에서 포르투로 건너온 테레사, 그리고 미쿠와 함께 했다. 식사 장소는 일요일 방문하려다가 문을 닫아 실패했던 포르투갈 전통 식당 다 볼사(Da Bolsa). 야채수프와 문어구이·새우·대구 등 주문한 음식들이 하나같이 혀끝에 착착 감겼다.

모든 것이 낯설었던 생장에서의 순례길 첫날, 같은 알베르게에서 만났던 테레사. 이렇게 마지막 날 저녁도 함께 할 수 있었던 것 역시 보통 인연은 아니라고 할 수 있겠다. 포르투에서 며칠 더 보내고 귀국할 예정이라는데, 포르투 여행 선배로서 그동안 습득한 정보들을 아낌없이 전달해 주었다.

귀국

46일간의 긴 여정을 마치고 귀국하는 날 아침, 일찍 저절로 눈이 떠졌다. 마음이 싱숭생숭해 침대에서 휴대폰으로 이것저것 검색을 하다가 식사를 했다.

9시에 포르투 프란시스쿠 드 사 카르네이루 공항까지 갈 택시를 예약해 비행기 출발 시간 3시간 전인 9시 30분에 공항에 도착했다. 보통 국제선의 경우 출발 3시간 전까지 가야 하는 것으로 알고 있었는데, 포르투 공항은 출발 2시간 전부터 티켓을 발권해 준다고 했다. 공항이 크지 않고 별로 볼 것도 없었기에 그냥 줄을 서 기다리려니 조금 지루했다.

발권하는 직원들의 일 처리가 답답할 정도로 느려 좀 짜증스러웠다. 순례길을 걸었음에도 급하기 짝이 없는 성질머리는 바뀐 게 없다. 포르투 공항은 규모가 그리 크지 않음에도 많은 여행객으로 인해 입국 수속 대기줄은 아주 길었다.

귀국 편 비행기는 포르투를 출발해 마드리드에서 도하 행 비행기로 환승 후, 다시 도하에서 인천행 비행기로 환승해야 하는 빡빡한 일정이었다. 특히 마드리드 공항에서의 환승 시간이 1시간 20분으로 짧아 살짝 불안했는데, 하필 포르투에서 마드리드를 향해 출발하는 비행기가 30분 늦게 이륙했다. 30분 늦게 이륙한 비행기는 정확히 예정 시간보다 30분 늦게 마드리드 공항에 착륙했다. 이제 남은 환승 시간은 50분! 마드리드 공항은 처음인데 내가 과연 게이트 잘 찾아 환승할 수 있을까? 속이 타며 갈증이 났다. 이거 참, 여행 마지막까지 긴장의 끈을 놓지 못하게 만드는구먼.

비행기에서 내리자마자 "Excuse me!"를 수없이 반복하며 뛰다시 피 이동했다. 카타르항공이 위치한 터미널 4S로 이동하는 셔틀 열 차는 또 왜 이리 늦게 오는 건지. (늦게 온 게 아니라 마음이 급하니 그렇 게 보였을 뿐이다.) 뛰다시피 하면서도 집중력을 발휘해 전광판에서 내 가 탈 카타르항공 비행기는 S9 게이트에서 탑승하는 것을 확인했다.

아슬아슬하게 시간에 맞춰 비행기에 탑승할 수 있었다. 나중에 생 각해도 어떻게 처음 가본 국제공항에서 그 짧은 시간에 비행기에서 내려 옆 터미널로 이동하는 셔틀 열차를 찾아 탑승하고 출국 검색대 를 통과해 탑승할 게이트를 찾아 비행기에 탈 수 있었는지 나도 정말 궁금하다. 긴장이 풀리며 갈증은 더욱 심해져 좌석에 앉자마자 승무 원에게 물 한잔 부탁해 마시고 나서야 겨우 한숨을 돌릴 수 있었다.

마드리드에서 도하로 향하는 비행기에는 단체여행객을 비롯한 한 국인들이 눈에 많이 띄었다. 카타르 도하 공항에서의 2시간 20분 환 승 시간은 비행기가 정시에 도착하니 너무도 여유로웠다.

비행기 안에서 한국에서 쓰던 유심으로 다시 교체했다. 파리 공항 에 도착해 처음 유심을 교체할 때만 해도 많이 불안했었는데, 그동안 진화를 거듭했다. 마드리드에서 도하로 올 때 두 번, 도하에서 인천 에 올 때 두 번 등 출국 때와 마찬가지로 하루 네 차례 기내식을 먹다 보니 정말이지 사육당하는 느낌이 들었다.

인천공항에는 정시에 무사히 도착했다. 하지만 이게 끝이 아니고 마지막 이벤트(?)가 남아 있었다. 수화물 라인에서 아무리 기다려도 내 배낭은 나오질 않았다. 공항까지 마중 나와 밖에서 기다리던 가족에게서 왜 이리 나오지 않냐는 연락은 계속 왔고….

결국 공항 직원에게 확인하고서야 내 배낭이 비행기에 실리지 않았음을 알 수 있었다. 아마도 환승 시간이 촉박했던 마드리드 구간에서 미처 짐을 옮겨 싣지 못했던 것 같다. 카타르항공 수화물 담당 직원이 수화물 태그를 확인한 후 배낭이 도착하는 대로 집까지 택배로 보내주겠다고 했다. (다음날 같은 비행기로 도착한 배낭은 토요일 새벽에 집으로 배달됐다.)

드디어 마중 나온 가족과 눈물(?)의 상봉을 하는 것으로 46일간의 산티아고 순례길 긴 여정을 마무리했다. (누가 보면 에베레스트라도 정복하고 귀국한 줄 알겠다.)

집에 도착해 체중을 달아보니 출발 전에 비해 정확히 6kg이 줄었다. 군 제대 후 몸무게 첫 자리 숫자가 바뀌기는 처음이었다. 하지만 귀국 후 서서히 예전 체중을 회복해가고 있다.

내 인생의
특별하고 아름다운 시간

설렘과 걱정이 공존하며 시작했던 은근 소심한 중년아재의 나 홀로 46일 간의 산티아고 순례길…. 제법 많은 실수와 시행착오가 있었고, 또 전혀 힘들지 않았다면 거짓말일 것이다. 하지만 내 인생에서 이렇게 특별한 순간이 또 있을까 싶을 정도로 행복한 시간이었다. 그 중 특히 기억에 남는 순간들이 있다.

- 순례길 초반 피레네 중턱 알베르게 보르다에서의 저녁 식사를 겸한 커 뮤니케이션 시간, 모두 16명 중 내가 유일한 동양인이자 한국인이라 는 낯선 상황.
- 프랑스와 스페인 국경을 피레네 산길을 걸어서 아무 경계 없이 통과 한 순간.
- 로그로뇨 빨래방에서 반려동물 전용 빨래통에 옷을 넣고 세탁한 일.
- 심한 감기로 힘들었던 날. 산토도밍고에서 6.7km 남은 그라뇽까지 버 스를 탔는데, 내리고 보니 예약한 알베르게까지 5.5km를 다시 걸어야

했을 때의 당혹스러움.

- 레온에서 연박할 때 1시간 안마를 받은 체험.

- 누군가 5€를 넣어둔 택배 봉투를 잘라가 버려 배낭을 잊어버린 줄 알
  았다가 천사의 도움으로 다시 찾았을 때.

- 백파이프 버스킹 연주 'Amazing Grace'를 들으며 까미노 길동무들
  의 축하 속에 마침내 산티아고 데 콤포스텔라 대성당에 도착한 감격
  적인 순간.

- 까미노 순례 중 'Hair Cut Free' 서비스를 받은 특별한 경험.

- 네그레이라에서 라고로 갈 때 약 3시간 동안을 거센 비바람 속에 아무
  도 없는 길을 혼자 걸었던 기억.

- 산티아고 대성당 도착 때와는 또 다른 감동이 느껴졌던 대서양 땅끝마
  을 피스테라.

- 마침내 무시아에서 까미노 순례길 끝을 맞이하며 가슴 가득히 감사할
  것들로 넘쳐났던 순간.

- 귀국할 때 배낭이 도착하지 않았던 마지막 이벤트(?) 등등.
- 순례길을 걷는 동안 변변치 못한 영어로 많은 외국인과 친분을 나눈 경험도 특별했다. (까미노에서 만난 외국인 친구 중 몇 명과는 지금껏 꾸준히 연락을 주고받는다.)

얼마 전 충무로역에서 고민 가득한 표정으로 지도를 보고 있는 외국인에게 일부러 다가가 '한국의 집'에 가는 방법을 친절하게 설명해줬다. 또 지하철 역내에서 마스크를 잃어버려 당황해하는 외국인에게 비상용으로 가지고 다니던 마스크를 주기도 했다. 내가 산티아고에 다녀오지 않았다면 절대 하지 않았을 행동이다.

귀국 후 까미노 초반 5일을 함께 걸었던 지영 씨가 산티아고에서 보낸 엽서를 받았다. 길을 걷는 동안 만났던 젊은 친구들에게 꼰대처럼 보이지는 않았을까 조심스러웠는데, 빈말이라도 좋은 기억으로 간직하고 있다고 말해줘서 참 고마웠다.

순례길을 걸으며 친분을 쌓았던 지영, 승혜 씨 그리고 은석, 선영 씨를 초대해 귀국 후 와인 대신 한국식으로 막걸리 파티를 마련했다. 아웃도어 복장이 아닌 평상복 차림, 스페인이 아니라 한국에서 다시 만나니 신기하고 반가웠다.

산티아고 순례길에 관심이 있거나 걸을 계획이 있는 분들은 흔히 800km의 긴 거리를 걷고 나면 분명 뭔가 큰 깨달음이나 변화가 있을 것으로 생각하기 쉽다. (출발하기 전에는 나도 그랬다.) 하지만 막상 800km를 걸어보니 결코 그렇지 않았다. 대신, 걷는 동안 매일 어디까지 걷고 뭘 먹고 어디서 잘까만 생각하면서 신기할 정도로 머릿속이 단순해지는 경험은 할 수 있었다.

까미노에서 만난 70대 자유 영혼 큰형님께서 자기 집에서 출발해 무려 2,500km를 걸어 3개월 만에 산티아고에 도착한 76세의 네덜란드인에게 물었단다.

"뭔가 깨달음이 있나요(Something special in your mind)?"

그분 대답이 걸작이었다.

"개뿔! 그런 거 없어요(What the fuck! Nothing)!"

출국하기 전, 여러 가지 걱정 중 으뜸은 허리 디스크가 말썽을 부려 중간에 귀국해야 하는 상황이 발생하는 것이었다. 다행히도 생장에서 출발해 산티아고 도착 후 다시 대서양과 마주한 피스테라를 거쳐 무시아에 도착할 때까지 잘 버텨줘서 얼마나 감사한지 모르겠다.

무시아 바닷가에 도착해 산티아고 순례길을 마무리하며 나의 블로그에 올렸던 글을 다시 반복하는 걸로 긴 여행기를 마치려고 한다.

'산티아고 순례길을 걷기로 결심하고 실행에 옮긴 스스로가 대견했고, 걷는 동안 만났던 모든 순례자와 알베르게 운영자에게 감사한 마음이 들었다. 또 출발 전부터 걷는 기간 내내 격려와 응원을 보내준 가족과 친구, 지인들이 너무도 고마웠다. 무시아에 도착하니 정말이지 감사해야 할 것들이 넘쳐났다.' ⬅

Thank you so much! Muchas gracias! Muito obrigado!

대단히 감사합니다!

소심쟁이 중년아재
나 홀로 산티아고

초판1쇄 2023년 8월 31일 **초판2쇄** 2023년 11월 30일 **지은이** 이 관 **펴낸이** 한효정 **편집교정** 김정민 **기획** 박자연, 강문희 **디자인** purple **삽화** Freepik **마케팅** 안수경 **펴낸곳** 도서출판 푸른향기 **출판등록** 2004년 9월 16일 제 320-2004-54호 **주소** 서울 영등포구 선유로 43가길 24 104-1002 (07210) **이메일** prunbook@naver.com **전화번호** 02-2671-5663 **팩스** 02-2671-5662 **홈페이지** prunbook.com | facebook.com/prunbook | instagram.com/prunbook

ISBN 978-89-6782-193-7 03920
ⓒ 이 관, 2023, Printed in Korea

*책값은 뒤표지에 있습니다.

이 도서의 국립중앙도서관 출판예정도서목록(CIP)은 서지정보유통지원시스템 홈페이지(http://seoji.nl.go.kr)와 국가자료공동목록시스템(http://www.nl.go.kr/kolisnet)에서 이용하실 수 있습니다.